Laura Maria Lupașcu

Relația cu o personalitate narcisistă

LETRAS
Promovăm autorii români

Relația cu o personalitate narcisistă

Descrierea CIP a Bibliotecii Naționale a României
LUPAȘCU, LAURA MARIA
Relația cu o personalitate narcisistă / Laura Maria Lupașcu
–Otopeni: Letras, 2025
ISBN 978-630-312-459-9

ISBN eBook ePUB 978-630-312-460-5

Întreaga responsabilitate pentru conținutul acestei cărți aparține autorului.
Copyright 2025, Laura Maria Lupașcu
Această carte este protejată de legea dreptului de autor.
Carte distribuită de www.piatadecarte.net,
email: office@piatadecarte.com.ro

Comenzi la tel. 021 367 5228 // 0787 708 844
Pentru solicitări de publicare vă puteți adresa editurii,
pe mail: edituraletras@piatadecarte.com.ro
Editura Letras / www.letras.ro
contact@letras.ro

Această carte este pentru tine dacă:

Accepți mai puțin decât meriți, fiindcă îți este teamă că dacă vei cere mai mult, vei rămâne singur/ă

Vrei să dai totul și te aștepți ca toți cei din jur să observe și să îți umple golul

Te mulțumești cu promisiuni în loc de dovezi

Crezi că dacă faci mai mult, vei primi mai multă apreciere

Te agăți de relații doar pentru că au potențial

Alegi să taci, chiar dacă te consumi pe dinăuntru

Crezi că dacă te transformi în ceea ce vor ceilalți să fii, te vor iubi mai mult.

În paginile acestei cărți vei găsi povești relatate atât din perspectiva personalității narcisiste, cât și a partenerilor acestora, tocmai pentru a pătrunde în profunzimea dinamicii unei asemenea legături și să poți detecta cum trăiește fiecare personaj o astfel de experiență.

Sunt relatate povești ale unor clienți care mi-au acordat încrederea și onoarea de a le fi alături pe drumul transformării și vindecării lor împreună cu o perspectivă terapeutică a modului în care te poți reface după o relație de acest gen.

De asemenea, vei putea înțelege ce se ascunde sub masca acestei personalități narcisiste și vei putea avea o perspectivă nouă asupra modului în care aceste persoane simt și motivele subconștiente care le ghidează comportamentele care sunt atât de toxice pentru cei din jur.

Am inclus exemple practice despre modul în care comunică și care sunt strategiile de manipulare specifice pe care le folosesc, astfel încât vei ști cum să iei atitudine atunci când se întâmplă.

Primul pas pe care îl poți face este acela de a conștientiza ce se întâmplă, iar acest lucru devine posibil în momentul în care ai informațiile potrivite.

Aici vei găsi răspunsul la întrebările:

„Ce este o personalitate narcisistă?"

„Care sunt semnele că sunt într-o relație cu un partener cu personalitate narcisistă?"

„Se poate schimba un om cu personalitate narcisistă?"

„Dacă mergem la terapie, relația noastră are șanse să fie una bună?"

„Cum îmi refac stima de sine după o relație cu un partener cu personalitate narcisistă?"

Cuprins

Mitul lui Narcis a fost scris în timpuri străvechi, deși înțelegerea tâlcului său e o temă cât se poate de actuală.

Odată cu înțelegerea unei experiențe, știi ce poți să schimbi și toată energia pe care o investești în a urmări comportamente, în a ghici intenții și în a spera în zadar se transformă în acțiune prin care poți începe să faci primii pași spre o relație care îți onorează existența.

1. Introducere – fata de la geam

„Ies din duş şi o privesc cum stă îngândurată la geamul hotelului unde am înnoptat împreună. Este cu spatele la mine, dar îi simt privirea. Priveşte în golul etajului şapte unde ne aflăm. Fumează o ţigară şi trage adânc fumul albăstrui. Este tristă , mereu tristă de la o vreme încoace şi nu ştiu încotro se îndreaptă gândurile ei, dar zboară tenebros şi repede. Ştie că am venit în cameră, îmi aude paşii, dar nu se întoarce. O întreb ce ar vrea să facă în continuare şi dă din umeri nehotărâtă.

O invit la o plimbare.

—Mi-ar face foarte bine să mă plimb puţin, îmi răspunde, fixându-mă cu privirea şi căutând să ghicească ce urmează.

Adevărul este că nici eu nu ştiu ce urmează. Nu am nicio aşteptare. Sunt dedicat momentului prezent, fără a face vreun plan şi fără speranţe în ceea ce ne priveşte.

Mă tulbură şi îmi creează o stare de tensiune ochii ei mari şi trişti. Şi-au pierdut strălucirea în care mă oglindeam, iar ea este doar o umbră a ceea ce ştiam sau mai bine spus intuiam că este. Mă doare să o văd atât de pierdută în propriile gânduri, atât de înstrăinată de ea însăși și atât de palidă în comparație cu cea pe care am cunoscut-o cândva.

Mă lasă pe mine să trasez direcția sau locul în care mergem, spune că îi este indiferent ce facem sau încotro ne deplasăm. Simt nevoia unei cafele și ne așezăm la o masă pusă pe drum, comand două espresso și îmi place aerul nesofisticat al acestei diminеți în care bem cafeaua din pahare de carton. Nu știu ce să îi spun, iar ea rămâne tăcută, în timp ce își aprinde încă o țigară.

O întreb ce cărți a mai citit în ultima vreme. Discutăm despre meditații, despre Osho și îi place să îmi povestească istoria ashramului din Pune, aventura lui Osho în America, despre meditația dinamică și respirația holotropică pe care le-a încercat.

Sunt surprins să constat că vorbele ei nu mai trezesc în mine ecourile de altădată. Înainte mă atrăgea inteligența ei vie și cuvintele care știau să spună pe tonul potrivit, la momentul potrivit, mesajul potrivit. O consideram magnetică. Tonul sau timbrul ei s-a schimbat acum sau poate că ceea ce îmi spune nu mai are însemnătate pentru mine. E doar o conversație simplă, fără interpretări sau reverberații pentru mai târziu. E doar o convorbire, relativ neinteresată și neantrenată din punctul meu de vedere.

Când îi sună telefonul și se depărtează, rămân la fel de impasibil ca și până atunci. Îmi îndrept atenția spre soarele de afară care îmi luminează fața și apoi studiez lent cei câțiva trecători care întâmplător își fac drum prin fața mesei unde sunt așezat. După o vreme apare la masă scuzându-se că a durat atât de mult. Nu mă interesează scuzele ei și consider că sunt de prisos oricum.

Ne continuăm drumul și decidem să ne înălțăm cu telecabina deasupra peisajului pe care l-am detestat încă de când am ajuns la hotelul ales în stupiditatea mea ca să fiu aproape de ea.

Această neinspirată alegere mi-a dat mult de furcă în planurile mele de vizitare a Londrei, căci zi de zi am pierdut mult timp schimbând trei sau patru metrouri ca să ajung spre centrul orașului și spre obiectivele care mă interesau. Dar îmi dorisem să fim cât mai aproape unul de celălalt atunci când am făcut rezervările la hotel, dorință care între timp s-a stins.

Peisajul este oribil și suntem amândoi surprinși atunci când cei cu care împărțim telecabina ne întreabă dacă vrem să ne facă o poză împreună. Ne uităm mirați unul la altul și suntem de acord, mai mult din complezență. Cândva ne plăcea să ne privim chipurile în oglindă. Faptul că semănăm unul cu altul face ca imaginea noastră împreună să fie una plină de armonie și cumva simetrică. Dacă aș fi fost femeie, aș fi fost ea.

Când privesc pozele de pe telefon, constat că ochelarii de soare îmi sunt prea mari.

Locul unde ajungem este unul fad și lipsit de viață, deși am luat bilete doar dus. O parte din mine încă își dorește să se aventureze în necunoscut cu ea, să mă las surprins, deși peisajul în construcție lipsit de frumusețe este o reflectare a stării din interior.

Îi spun să ne îndreptăm spre metrou și să pornim spre centru. Ea încuviințează. O iau de mână și o aduc aproape de mine. Nu se împotrivește și se lasă lipsită de vlagă în voia mea. Se vede pe fața ei că îi este rău și e perfect justificată starea ei din moment ce cu o seară înainte a băut singură o sticlă de șampanie și s-a îmbătat ca să poată adormi. Am dormit dus și când m-am trezit, ea era lângă mine cu o față schimonosită de nesomn și mahmureală.

Uneori cred că gândește prea mult și face atât de multe scenarii și filme, încât o înțeleg că nu are nevoie de televizor. Probabil că mintea ei este mai agitată decât platourile de filmare ale unui film.

Metroul nu este foarte aglomerat și în timpul călătoriei mă ia în brațe. Este stingheră și nesigură în îmbrățișarea pe care mi-o dă, și totuși atingerea ei îmi produce o senzație plăcută. Îi zâmbesc și colțurile gurii se îndreaptă către ochi, care mă privesc și mă caută. Îi propun să fiu ghidul ei în Londra, iar ea se lasă în voia mea. În metrou, stă în fața geamului și o zăresc cu coada ochiului. E un chip frumos, văd asta, deși pare cumva neinteresant în acest moment pentru mine.

Ne îndreptăm spre podurile construite peste Tamisa și soarele este blând. Plimbarea noastră are un ușor aer romantic, deși nu este susținut decât de o ușoară strângere de mână sau de un sărut pe care i-l dau spontan pe creștetul capului.

Îmi este dragă chiar dacă știu că nu o doresc, chiar dacă am renunțat la orice vis în legătură cu ea. Știu că îi este mai bine fără mine și știu că sunt mai bine fără ea. Relația noastră este terminată, iar această zi, această plimbare este doar o reminiscență a unor planuri mai vechi care s-au concretizat în acest moment întrucâtva absurd pe care îl trăim acum, marcat de înstrăinarea între doi oameni care se iubesc, dar care au renunțat la orice fantezie de natură romantică.

Privim în zare către poduri. Mereu m-au fascinat intenția cu care oamenii au construit aceste punți de legătură și dorința de unitate, de apropiere. Cândva i-am scris o poezie după ce am făcut dragoste și am avut această revelație a apropierii indusă de poduri. Preț de câteva secunde am alunecat din nou în visare și în trecut, dar mă focusez acum spre prezent, spre clipa aceasta care nu mai seamănă cu lirismul momentului de care vorbeam.

Am în minte exact locul unde intenționez să luăm prânzul și încă de când am ajuns în acest oraș și mi s-a povestit de aceste restaurante, mi-am dorit să merg acolo cu ea. Este ziua de Paște și sunt multe rezervări făcute pentru celebrare, totuși, găsim într-unul dintre restaurantele deschise două locuri aproape de geam ca să privim de la o înălțime impresionantă orașul.

Alegem să împărțim un platou cu fructe de mare și mă încântă această inițiativă venită din partea ei.

Nu știu dacă vinul sau mâncarea a făcut ca această masă să aducă emoții noi în inima mea, dar în timpul petrecut acolo, o simt din nou aproape, tensiunea dintre noi dispare și o stare de bine se instalează ușor și autentic între noi. Râde la glumele mele, surprind și eu tonul amuzat.

Picioarele noastre se lovesc unul de altul și constat că pozele pe care le-am făcut împreună au ca personaje doi oameni ai căror ochi lucesc.

—Pe unde ai mai călătorit în Europa? Unde ți-a plăcut? o întreb, știind că a călătorit mult de-a lungul timpului.

—Mi-a plăcut în sudul Italiei, cred că îmi doresc la un moment dat să locuiesc acolo. Mă gândesc că în câțiva ani, zece ani sau poate mai puțin, mă voi muta acolo. Îți spun asta ca să știi unde mă găsești, spuse zâmbind.

Savurez intens preparatele gătite migălos și senzația de plăcere se răspândește încet în corpul meu. I-am decorticat un crevete și îl pun în farfuria ei. Mi-a spus că este sătulă, deși sincer încă sunt surprins cât de puțin mănâncă însoțitoarea mea.

—Mănâncă, scumpo, că e sănătos! i-am replicat încântat, cu zâmbetul pe buze.

Râde cu poftă la remarca mea și o amuză atât de teribil, încât a râs minute în șir și a repetat-o deseori în cursul zilei. Îmi place să o aud râzând și să văd că nu mai luptă cu gândurile ei, ci se lasă în voia momentului. Nu o mai văzusem așa de mult.

Lumina din restaurant și zâmbetul ei; răsunetul râsului îmi amintea din nou de ea, de cea pe care o iubesc și care era acum în toată splendoarea ei în fața mea.

Drumul spre ieșire are holurile întunecate și o văd în lumina difuză cum se năpustește asupra mea și mă îmbrățișează, mă sărută plină de iubire și de dorință, lăsându-se dusă de valul sentimentelor care încep să se dezmorțească.

Zâmbim amândoi, iar trupurile noastre se lipesc unul de altul în timp ce pășim spre scările rulante, unde mă așez în fața ei invitând-o să mă îmbrățișeze.

Clipele de acum și cele ce vor urma sunt din momentele în care orice luptă cu tine însuți sau cu o idee, cu un concept sau cu o durere ia sfârșit. E un moment în care te predai și te bucuri pur și simplu de clipă, de prezent, iar viața capătă acea intensitate și fluiditate pe care o cunosc copiii când explorează curioși un nou drum. Aceasta este starea mea de acum, probabil și a ei. Fața îi este luminoasă și ochii ei îndrăgostiți mă cuprind în căldura ce o emană.

Știu că este imposibil, dar îmi doresc să pot opri timpul. Aș alege ca sfârșitul tuturor timpurilor să vină acum și să ne surprindă în aceste momente de bucurie de a fi unul alături de celălalt. Undeva știm amândoi că aceste clipe se vor sfârși și poate tocmai de aceea le gustăm amândoi atât de intens.

Sufletul meu capturează fiecare secundă și creează memorie. Ea e lângă mine și este numai a mea, există doar pentru mine, fiecare clipă îmi este dedicată doar mie. Sufletele ne ajung din urmă și dansăm pe străzi, corpul meu dorește să se miște, să danseze din plin în acest moment când totul este perfect. Sunt cu ea, cu iubita mea dintotdeauna și asta este tot ceea ce contează pentru mine acum. E muzică și poezie în inimă, e frumos și căldură, și iubire. Mă simt, în sfârșit, acasă atunci când o privesc.

O sărut și simt cum căldura ei mă cheamă, energia ei strigă numele meu. Vreau să o descompun în părți minuscule și să o asimilez, să o simt atât de aproape de mine încât să o inspir. O strâng în brațe până când simt că mă părăsesc puterile. Știu că îi place acea strânsoare, căci la un moment dat, într-o seară, înainte de a se dezbrăca, mi-a spus:

—Strânge-mă cât poți de tare, strânge-mă și să nu îmi mai dai drumul.

Am strâns-o cât am putut de tare și atunci, la fel ca și acum, dar i-am dat drumul, nu am putut să o țin.

O țin în brațe cu toată forța, dorind parcă să simtă atât durerea, cât și toată iubirea mea.

O iubeam, la fel cum o iubesc și acum și probabil că o voi iubi mereu. Ea e fata de la geam, care mă așteaptă, imaginea vie din visul care m-a condus la ea să o recunosc. Dar nu știu dacă mă voi mai întoarce vreodată la ea sau nu.

E multă durere acum când scriu, geamul e încețoșat, iar ea probabil că a plâns mult. Ochii căprui ai iubitei mele din așternuturi albe sunt mai strălucitori ca niciodată.

Se înserează și îmi doresc ca ziua aceasta să nu se termine niciodată. Pornim spre o terasă și găsim una întocmai pe gustul nostru. Ne așezăm unul în fața celuilalt și ne privim. Îmi spune «dragostea mea», iar eu tresar ori de câte ori aud asta.

Comand vinul meu preferat, iar ca aperitiv aleg să începem să ne răsfățăm cu stridii. Ni se servesc cele mai bune stridii, aduse din Scoția, care au fost formate în 3 sau 4 ani, aduse pe un platou plin de gheață așezat în fața noastră.

Iubita mea zâmbește și spune că nu îi plac stridiile, dar că astăzi mă va însoți în această experiență gustativă.

—Iei stridia, o pui sub limbă și o ții acolo câteva secunde, apoi muști din ea.

După ce îmi termin cuvintele, încep acest festin care mă revigorează la un nivel senzorial atât de intens, încât îmi provoacă o senzație de plăcere vecină cu orgasmul.

Ea mă privește cu un zâmbet larg și apoi urmează aceiași pași, însă fața i se strânge și se strâmbă în cea mai pură formă de dezgust.

—Nu îți place?

—Deloc! Are un gust oribil...

Îi fac poze fără să știe și îi surprind acele microexpresii prin care observ stările, dansul trecerii de la o emoție la alta și studiez mișcarea mușchilor de pe fața ei cum se contractă și se relaxează în timp ce stă în fața mea. Energia dintre noi devine din ce în ce mai catifelată și mai fină și o inspir puternic, așa cum ea îmi inspira adineauri respirația și o ținea în pieptul ei.

—Vreau să păstrez scoica, îmi place cum arată. E atât de pură, de... puternică. Vrei și tu una?

Încuviințez și aleg una care să o completeze pe a ei.

Mă simt în largul meu și mă deschid, povestindu-i despre intențiile mele viitoare, despre planurile mele, deși mă feresc de ceva vreme să o includ și pe ea în ele. Totuși îmi este greu să mă abțin să spun:

—Dacă în Scoția sunt stridii atât de bune, putem pleca peste weekend la Londra, mâncăm niște scoici și apoi ne întoarcem. Nu e un plan bun?

Nu răspunde invitației mele. O privesc intens în ochiul stâng și în micile contracții ale pupilei îi simt bătaia inimii. Am senzația că pătrund în interiorul ei și simt iubirea aceea pură, intactă, perfectă, adevărată care mă unește de ea acum și mereu.

Așa a fost dintotdeauna și așa va fi mereu. Ea mă privește intens la rândul ei și caută să își țină privirea fixă, să mă pătrundă, dar pleoapele îi cad grele, îndrăgostite.

—Un moment frumos, i-am șoptit.

—Așa este, a încuviințat.

—M-a pătruns, am adăugat, încă amețit de atingerea acelei fărâme din esența noastră.

—Știu, și pe mine.

Îmi place modul în care ne oglindim și simțim aceleași lucruri, gândim același lucru sau avem aceleași senzații. Încă sunt mirat de toate asemănările dintre noi, ale etapelor pe care le-am parcurs, pașii ei au fost pașii mei și trăirile mele au fost și ale ei.

Parcurgem aceleași procese în paralel, ca și cum am fi mereu unul alături de celălalt, deși distanța și timpul ne-au despărțit mereu. Dintotdeauna am căutat pe cineva care să îmi semene și până la ea nu am mai întâlnit pe nimeni în care să mă regăsesc. Uneori mă intrigă lucrul acesta și devin furios, pentru că nu știu dacă această relație e un blestem sau o binecuvântare.

Uneori îmi vine să plâng, alteori îmi vine să râd, uneori mă consider un norocos și alteori un mare ghinionist că am cunoscut-o. Se întâmplă uneori să am credința că lucrurile sunt perfecte așa cum sunt și că nu ar fi putut fi altfel. Această credință este acompaniată mereu și de acceptare, și de încredere că totul va fi bine la un moment dat.

—Soția mea ar dori să comande și un desert, îi spun ospătarului, care este foarte prietenos în recomandări.

Îi urmăresc reacția și văd că surâde. Știu că îi place că i-am spus soția mea.

—Acum cine se joacă oare?

Nu îmi plac jocurile și ceea ce am spus avea toată însemnătatea pe care i-am acordat-o.

Undeva în sufletul ei știe asta și își dorește să fie soția mea. Mi-a scris cândva câteva rânduri în care își exprima această dorință sub forma unei fantezii în care ne trezim într-o dimineață, în casa noastră, bem împreună o cafea și ea e îmbrăcată în cămașa mea albă. Scria că avem același nume și imaginarul ei crease ideea de căsătorie.

—Sunt fericit, îi spun și sunt cuprins de această stare întru totul încât nici nu aud dacă îmi spune ceva. Orice cuvânt nu își are rostul în acest moment și nu ar face decât să prisosească, anumite stări sunt indescriptibile în cuvinte. Ele se trăiesc și atât. Ea le numește stări sau momente de grație.

Fericirea de atunci nu avea să mai dureze mult, deși am simțit-o plenar în acel loc, în acele momente. Simțeam că se creează o lume nouă pentru noi doi împreună, așa cum sperasem și mai demult. Mă urma fără ezitare în această lume și îmi plăcea să văd curajul de a fi prezentă. Eram doar noi doi și clipa. Era suficient cât să cuprindă o lume întreagă.

—Bine ai venit în lumea mea, i-am spus deschizându-mi brațele.

Constatăm că petrecusem prima noastră zi împreună. Trecuseră mai mult de 24 de ore de când venise în camera mea. În aceste câteva ore mă abandonasem din nou ei și ea mie. În secunda următoare ne-am trezit la realitate. Energia se scurgea, balonul de săpun s-a spart, fața i s-a împietrit și era clar îngrijorată la vederea unor mesaje.

—Trebuie să mă întorc, mi-a spus tristă.

Mirajul luase sfârșit. Era ca un ceas care a sunat să ne trezească la realitate. Nu știu dacă acest ceas ticăia undeva în fundal tot timpul și l-am ignorat sau dacă a fost un deșteptător brusc, dar sunetul acesta de alarmă a împrăștiat în neant toată magia clipelor care se țeseau în armonie până atunci.

Îmi spune că este nevoită să plece, că eu pot să fac în continuare ce doresc și să nu stau să o aștept, pentru că nu știe dacă se va întoarce sau nu ca să fim împreună în noaptea care urmează.

Pe drumul de întoarcere mă întreabă dacă sunt supărat.

În mod evident sunt extrem de nervos și mă cert cu șoferul pentru că mi se pare că merge mult prea încet.

Îmi este greu să mai fiu în preajma ei și tot ce îmi doresc este să mă îndepărtez cât mai mult.

Următoarea ei întrebare mă calcă și mai tare pe nervi.

—Ce anume te-a supărat? spune cu o figură îngrijorată.

—Ce întrebare e asta? Cum adică ce m-a supărat?

—Da, vreau să înțeleg ce anume te-a supărat atât de tare.

—Tu ai impresia că fac înconjurul Pământului pentru tine?

—Nu, îmi răspunde ea prompt.

Vrea să spună ceva, dar o opresc pentru că nu mai vreau să aud niciun cuvânt din partea ei.

—Cel mai bine ar fi să taci din gură, să nu mai spui nimic.

Ea tace.

O bat pe picior și îi spun cu toată forța:

—Adio. Eu nu accept așa ceva din partea nimănui. S-a terminat.

—Oricum nu avea cum să se termine totul decât așa.

Aerul ei superior și atitudinea aceasta de victimă resemnată îmi creează și mai multă indignare.

—Nu știu, uneori faci pe deșteapta, alteori pe proasta, spui că ai înțeles niște lucruri, dar mai bine nu mai folosești cuvinte cărora nu le înțelegi sensul, pentru că nu ai priceput și nu știi nimic despre mine.

—Dacă îmi spui să tac, fă și tu același lucru. Nu îți permit să mă jignești, atâta timp cât nici eu nu te jignesc pe tine.

Aș putea să mă opresc, dar nu o fac.

—Degeaba ai făcut atâtea cursuri și ai citit mii de cărți pentru că nu faci nimic cu ele. Tot ce spui sunt doar vorbe fără conținut, vrăjeală de doi lei, ești doar un cuprins lipsit de sens și nimic altceva.

O văd că ar vrea să îmi dea niște replici, dar se abține.

—Haide, spune ce ai de spus, nu mai înghiți. Știu că ai să îmi spui și tu de-ale tale. Eu nu înghit, scuip.

Dar ea tace în continuare și zâmbește. Mă enervează expresia ei și o întreb:

—Știi de ce zâmbești cu gura până la urechi?

—Nu.

—E clar.... Și fac un gest de terminare a discuției.

Îi mai spun o dată adio, în timp ce îmi strâng toate lucrurile. Într-un final ajungem la hotel și când coborâm, îmi ia din mână albumul cu poze făcute cu câteva ore în urmă și îl aruncă în primul coș de gunoi pe care îl vede.

—L-ai aruncat? o întreb.

—Da, îmi răspunde, în timp ce se îndepărtează.

—Eram sigur, nici nu mă așteptam la altceva din partea ta.

—Înseamnă că mă cunoști deja foarte bine.

Mai facem câțiva pași grăbiți și mă întreabă ce să facă cu cartela de acces de la camera mea. Se îndreaptă să mi-o dea, iar eu îi spun să facă ce vrea cu ea, să o arunce la gunoi.

În timp ce ne îndepărtăm unul de celălalt îi spun în tăcerea nopții luminate de o lună plină gigantică:

—Poți să faci o mie de cursuri și studii, până nu depășești faza aceasta de copil răzgâiat, nu faci nimic...

A dispărut apoi.

Ajuns în cameră, simt nevoia să sparg ceva, ceva din mirosul ei era acolo și îmi aducea aminte că iar a plecat. Sunt dezamăgit și trădat. Am vrut să am încredere în ea... Dar ea e ca o nălucă, apare și când ți-e lumea mai dragă, dispare.

Totuși, o aștept sperând că se va întoarce, dar minutele trec și ea nu apare. Trec prin dreptul barului, unde o văd prin geam cu prietenele ei. Râde. Mă vede. Trec mai departe. Ea nu apare în urma mea.

Măresc ritmul pașilor și mă pierd în noapte.

Pașii rapizi cu care mă îndrept spre nicăieri mă fac să mă îndepărtez tot mai mult de hotel, de ea, de imaginea ei, de fotografiile ei, de camera în care am stat împreună, de poeziile ei, de vocea sa, de dimineața pe care încă nu am trăit-o.

Nu am cămăși albe. Intenționam să cumpăr, însă, din fericire, acum nu mai am pentru ce să fac o nouă investiție. Hainele mele sunt negre și prefer să port haine închise la culoare. Albul era culoarea ei preferată. Dar albul ei este pătat, ceașca de cafea s-a spart și a împrăștiat lichidul maro pe toată cămașa nepurtată, imaculată încă.

Gândul acesta mă face să mă distanțez și mai mult.

Am primit tot ceea ce aveam de primit de la ea. Mi-a spus la un moment dat că nu are nimic să ofere. Eu am contrazis-o simțind toată dragostea pe care o avea pentru mine. Acum mă gândesc că avea dreptate. A dat tot ce avea de dat. A făcut tot ce a putut face în acest moment. Eu am rămas în continuare flămând și stau la pândă. Un lup singuratic. E lună plină și albul imens mă înghite în interiorul său.

Mă întorc într-un final spre hotel și mă întreb oare ea unde este, dacă mă așteaptă în cameră sau nu. Și-a pus cartela de acces în buzunarul rucsacului înainte de a pleca. Sunt sigur că nu a aruncat-o".

Eu sunt fata de la geam. Poate că și tu.

Poate că și tu ești printre cei care așteaptă ca la un moment dat să se întâmple o minune și lași ca zilele să se scurgă în această așteptare.

Singura minune care se poate întâmpla este aceea a conștientizării că ești singura persoană care te poate salva.

Sfatul unei persoane care a stat într-o relație toxică timp de 33 de ani este unul foarte simplu: „Să te socotești întreg sau întreagă și să faci pentru tine ceea ce este nevoie, pentru că nimeni nu știe mai bine decât tine care este binele tău". Uneori aceste sfaturi atât de simple pot fi greu de aplicat, mai ales în momentul în care simți că ești total dependent de o altă persoană.

Dependența emoțională este una dintre caracteristicile relației cu o personalitate de tip narcisist și este ceea ce face ca acest tip de legătură să continue mai mult decât este sănătos și util pentru oricine. Această dependență se simte ca un lanț greu și mare ce pare imposibil de rupt.

Vreau să îți amintesc că puterea care zace în tine este mai mare decât îți poți imagina și singurul lucru pe care îl ai de făcut este să vezi că, de fapt, aceste lanțuri nu există. Cât timp ai două mâini și două picioare și un cap pe umeri, poți să faci orice pentru că nimeni nu te poate ține captiv într-un loc în care nu vrei să fii.

Dar poți să fii un sclav al propriei minți care îți spune o poveste pe care începi să o crezi reală. Această poveste este cea în care tu îl faci pe cel de lângă tine un zeu, iar pe tine un slujitor sau o slujitoare. În momentul în care începi să pui această poveste sub semnul întrebării, vei descoperi că există și alte variante ale poveștii tale.

Ia o foaie albă acum și scrie pe ea:

„Sunt suficient de bun/ă".

„Eu sunt propriul stăpân al vieții mele".

„Eu decid care este povestea mea".

„Eu sunt propria stăpână a vieții mele".

Dacă ai scris pe telefon, fă un screenshot și salvează această imagine ca mesaj de întâmpinare ori de câte ori deschizi telefonul. Dacă ai scris aceste mesaje pe hârtie, fă o poză și salveaz-o.

Lasă ca acest mesaj să pătrundă în inconștientul tău și să îți schimbe povestea chiar acum.

2. Începutul relației

Relația cu o personalitate narcisistă lasă urme adânci.

Este genul de relație care rămâne un punct de referință pentru toate celelalte legături pe care le avem de-a lungul vieții. Acest lucru este posibil pentru că relația cu o personalitate narcisistă este una foarte intensă.

Este un loc în care proiecțiile își fac apariția foarte ușor și pare că prințul din poveste sau Ileana Cosânzeana, după caz, ne-a apărut în cale. Și din acest motiv, toate structurile interioare, inconștiente, care visau și doreau materializarea unei iubiri ca de roman, devin active.

În momentul în care aceste structuri personale și transpersonale pun stăpânire pe psihicul uman, se întâmplă cu adevărat un proces de transformare interior.

Relațiile cu o personalitate de tip narcisist sunt intense și transformatoare, conțin un mesaj profund, o lecție de viață pe care noi, ca ființe umane, în această călătorie, o avem de integrat.

„Toată lumea îl privea. În orice încăpere apărea, atrăgea privirile tuturor. Era genul acela de bărbat parcă ieșit de pe platourile de la Hollywood, cu un zâmbet mare și larg, cu o privire pătrunzătoare, îmbrăcat frumos și asortat, lăsând în urma lui un miros intens, senzual, care te atrăgea.

În momentul în care privirea lui se contopea cu a ta, simțeai dintr-odată cum lumina cade peste tine. Era un sentiment de... încredere, de bucurie și de mândrie că privirea ta s-a intersectat cu a lui. Ca și cum ar fi putut să aleagă pe oricine, dar te-a ales pe tine. Astfel, orice sentiment de bucurie e greu de pus în cuvinte, în momentul în care te simți aleasa unui prinț. Pentru că e inevitabil, imediat simți că devii prințesă." – C.M.

De aici, tot ceea ce înseamnă atracție fizică este ușor de înțeles, se desfășoară aproape într-un mod magnetic. Tocmai din acest motiv, relația cu o personalitate de acest tip poartă denumirea de magnet uman, conform lui Ross Rosenberg, care descrie foarte frumos în cartea sa „De ce îi iubim pe cei care ne fac rău. Capcana codependentului și a narcisistului".

Din punctul meu de vedere, în acest gen de relații, niciunul dintre parteneri nu iubește, chiar dacă dependența se îmbracă frumos și pasional în hainele iubirii. Iar motivul pentru care niciunul nu iubește, ci mai degrabă vorbim despre o formă de atașament, este unul cât se poate de simplu: nu poate iubi.

În general, relațiile cu o personalitate de tip narcisist încep cu o atracție foarte mare, mai ales de natură instinctivă și sexuală. Vrei cu orice preț să fie al tău sau să fie a ta. Proiecția este una fantastică și, fiind atât de mare această fascinație, multe structuri care țin de logică, de rațiune sau de cumpătare dispar. Și de moralitate chiar.

Orice personalitate narcisistă e fermecătoare și seduce cu mare clasă, știe cum să spună la momentul potrivit exact mesajul potrivit pe care cealaltă persoană vrea să-l audă.

Da, putem spune că persoanele de tip narcisist sunt persoane cu o inteligență crescută, foarte perceptive la stimuli și la reacțiile celor din jur și au atenția îndreptată spre a detecta impactul pe care îl au asupra celorlalți. Și bineînțeles că aleg compania acelor persoane unde acest impact este unul vizibil.

„Erau minute și zile în șir în care rămâneam cu imaginea ochilor lui ațintită asupra mea. Acei ochi care păreau că pătrund în interiorul ființei mele care se dorea descoperită, cunoscută, simțită, iubită. Și mult timp am crezut că doar el poate să facă asta. Aveam treizeci și trei de ani, nu mai eram o copilă care se emoționează pentru că primește atenția unui bărbat. Cu toate acestea, eu nu știu de unde a apărut... dar povestea noastră părea unică. Era iubirea pe care o așteptasem o viață întreagă. Aveam absolut tot ceea ce își putea dori o femeie și apoi a apărut el.

Tot ceea ce părea important până în momentul acela, carieră, finanțe, prieteni, propria dezvoltare personală, spirituală, intelectuală, a dispărut. Și în câteva luni am devenit o epavă umană care nu mai putea găsi sensul vieții sau bucuria în nimic. Chiar dacă până la urmă, lucrurile au căpătat sens, prețul plătit a fost unul mare și anumite părți din mine nu vor mai fi niciodată la fel sau nu vor mai fi puse niciodată în aceeași ordine ca înainte. Nu mai am aceeași încredere în oameni și mereu pun sub semnul întrebării intențiile cuiva.

Mă bântuie trecutul ori de câte ori sunt lucruri sau situații care îmi amintesc de el, e o umbră care este prezentă în fiecare relație pe care o am acum". – C.M.

Acesta este începutul multor povești pe care le aud în cabinet. Cum apare un el sau o ea, apropiat de un ideal râvnit dintotdeauna și care se dovedește curând otrava de care devii dependent în cel mai scurt timp.

Acest gen de relații este atât de comun astăzi, pentru că punem mult accent pe frumusețe, pe atracție, succes și imagine. O mare parte din construcția unei personalități de tip narcisist se bazează pe asta. Din acest motiv sunt niște seducători atât de pricepuți, care aproape întotdeauna au un fizic foarte plăcut, un magnetism și o carismă speciale prin care se fac ușor remarcați printre cei din jur și devin mult mai vizibili decât ceilalți.

Pentru că știu să își folosească într-un mod abil aceste calități în folosul lor, sunt adesea persoane care se bucură de succes social și/sau financiar. Dar aproape întotdeauna există un loc unde nu le surâde atât de mult norocul, iar locul acesta este relația de cuplu. Motive pentru a explica acest paradox se găsesc o grămadă. De obicei, există un istoric de relații care nu au funcționat și conform relatărilor, aceste relații sunt eșuate din cauza celeilalte persoane. Partenera sau partenerul e întotdeauna vinovat pentru eșec.

Personalității narcisiste îi place foarte mult să pozeze în victimă și tot ceea ce înseamnă un presupus eșec vine din faptul că proiectează asupra celuilalt diverse lucruri care ar fi putut să le facă și nu le-a făcut pentru a crea relații sănătoase.

Adesea, îndrăgostirea de început este o capcană în care cade și personalitatea narcisistă. Pare că, în sfârșit, găsesc acea persoană cu care pot relaționa, unde se simt înțeleși sau înțelese și asta face ca mirajul de început să fie, de fapt, mutual. Această regăsire a personalității narcisiste prin oglindirea sa în partenerul care devine pasiv este o caracteristică importantă și un element esențial.

De unde există această idee de regăsire și de pierdere în celălalt? Până la urmă nu poate oricine să fie partenerul sau partenera unei personalități narcisiste.

Trebuie să existe și în partea cealaltă o anumită doză de pasivitate, o lipsă de cunoaștere de sine sau o anumită lipsă a propriei valori. Putem spune despre acest loc din interiorul psihicului uman că este unul lipsit de limite personale și de granițe, ceea ce face ca relația să ajungă atât de departe ca proces degenerativ.

Mitul lui Narcis înfățișează acest aspect al oglindirii încă de la început. Pentru a se vedea pe el însuși, are nevoie de reflexia din apă. Apa reprezintă acel element pasiv în care Narcis se poate oglindi pe sine.

Astfel, partenerul cu care interacționează o personalitate narcisistă are o latură pasivă, o parte nedescoperită a psihicului fără de care aceste relații nu devin posibile.

Ca oameni, avem această dorință de a ne cunoaște și de a ști cine suntem prin intermediul celorlalți. Este ceea ce ne ghidează în această călătorie să descoperim diverse oglinzi, diverse reflexii pe care ceilalți ni le oferă, astfel încât în felul acesta, piesă cu piesă, să putem face un puzzle și să recunoaștem cine suntem.

O personalitate narcisistă face acest lucru din plin. Se dovedesc de foarte multe ori a fi niște profesori foarte utili în călătoria noastră tocmai pentru că reflectă acea parte necunoscută din noi, neatinsă, lipsită de repere. Din acest punct de vedere, suprafața apei în care Narcis se reflectă este acea parte din noi rămasă neexplorată, fără chip, fără formă, necartografiată, fără repere.

Povestea spune că, în momentul în care începe interacțiunea și Narcis se vede pentru prima dată, apa îi oglindește un chip foarte frumos, ceva de care se îndrăgostește. La nivel uman, se îndrăgostește, de fapt, de ceea ce vede că este posibil prin intermediul interacțiunii cu alte persoane.

În momentul în care mirajul e atât de mare, este aproape imposibil să ai un control asupra lucrurilor care se întâmplă, este ca un număr de magie în care totul se petrece atât de repede, tocmai pentru a păcăli legile percepției.

La fel se întâmplă și aici. Magia aceasta vine pentru că se întâmplă totul atât de repede și orice semnal de alarmă care ar putea să urmărească la nivel interior ce se petrece este trecut cu vederea. Nu cu bună știință, mai ales la început. Ci din naivitate, deseori.

Acest proces, cunoscut și ca **„*love bombing*”**, include:

1. Atenție excesivă:

Partenerul cu personalitate narcisistă îți acordă multă atenție, te face să te simți special și unic. Te ascultă aparent cu interes, îți face complimente constante și îți demonstrează că ești „persoana perfectă" pentru el/ea.

.

Ești sufletul- pereche.

2. Carismă și farmec personal:

O personalitate narcisistă știe să fie carismatică și atrăgătoare. Poate părea foarte sigură pe sine, ceea ce o face să fie fermecătoare pentru mulți oameni.

3. Cadouri și gesturi romantice:

La început, un partener cu personalitate narcisistă poate să îți facă surprize extravagante, să îți ofere flori, cadouri scumpe sau să organizeze întâlniri romantice perfecte ori lucruri speciale pentru tine.

4. Promisiuni mari:

Îți poate spune lucruri precum „Nu am mai simțit asta pentru nimeni" sau „Suntem făcuți unul pentru altul", creând iluzia unei legături unice și speciale.

5. Ascultare selectivă:

Personalitatea narcisistă îți va analiza punctele vulnerabile și va părea că e persoana care îți înțelege toate nevoile. Folosește această informație pentru a-și modela comportamentul în avantajul său.

Inițial, îți va pune multe întrebări și te va încuraja să vorbești despre tine, ca să poată avea un impact maxim asupra ta.

6. Rapiditate:

Îți poate propune să oficializați relația foarte repede, fie că e vorba de mutatul împreună, întâlniri cu familia sau chiar căsătoria și conceperea unui copil, încercând să te prindă emoțional într-o etapă în care ești îndrăgostit/ă și vulnerabil/ă.

Magnetismul și proiecția fac ca viteza cu care evoluează astfel de relații la nivel emoțional să fie una foarte mare. Sunt mulți parteneri care se mută unul cu celălalt după o săptămână sau două ori care după o lună se căsătoresc sau concep copii în această perioadă a relației.

Un partener cu personalitate narcisistă te-ar putea seduce la început folosind cuvinte care îți ating punctele sensibile și îți flatează egoul.

Iată câteva exemple:

1. Complimente exagerate:

• „N-am mai întâlnit pe cineva ca tine, ești pur și simplu perfect(ă)!"

• „Ești tot ce mi-am dorit vreodată."

2. Declarații de iubire timpurii:

• „Mă simt de parcă te cunosc de-o viață."

• „Ești cel mai bun lucru ce mi s-a întâmplat vreodată."

3. Promisiuni mărețe:

• „Tu meriți să ai lumea la picioare."

• „Voi face orice îmi stă în putere să fim fericiți împreună."

4. Flatarea unicității tale:

• „Ești diferit(ă) de toți ceilalți oameni pe care i-am întâlnit."

• „Doar tu poți să mă înțelegi."

5. Crearea unui sentiment de destin comun:

• „Destinul nostru a fost ca noi doi să ne întâlnim."

• „Tu ești sufletul meu pereche."

6. Valorizarea calităților tale:

- „Cum de eşti atât de inteligent(ă) şi frumos/frumoasă în acelaşi timp?"

- „Oricine ar fi norocos să te aibă, dar sunt eu cel norocos sau cea norocoasă."

Aceste cuvinte sunt menite să creeze un ataşament emoţional rapid şi să te facă să crezi că ai găsit pe cineva care te vede şi te apreciază la cel mai înalt nivel. Şi, de multe ori, oglindirea de început face ca părţile cele mai frumoase din tine să fie recunoscute şi apreciate.

Apoi....

3. Bella, povestea merge prea departe

Persoana care se reflectă în oglinda ovală a holului a avut un moment de luciditate în care și-a dat seama că ceea ce privește este o umbră. Și dacă altădată această imagine și percepția ei ar fi fost privite cu teamă sau tristețe, obișnuința are acest dar cumva blestemat de a face ca omul să se obișnuiască cu orice atrocitate și să se familiarizeze cu ea.

A făcut câțiva pași către patul cu așternuturi apretate, albe, în care de ceva vreme dormea singură. Simțea cum toată viața i se scurge cu fiecare respirație pentru care se lupta. E anormal să te lupți cu instinctul de supraviețuire, dar uneori moartea poate coabita cu viața și să se împrietenească chiar. Corpul se simțea greu, mic, consumat, vlăguit. Știa că este la capătul puterilor. Nu știa la cine să apeleze, la ce parte din ea. Și atunci a știut că a mai rămas un singur lucru de făcut, acel lucru la care nu se gândise vreodată c-ar putea să devină posibil pentru ea.

S-a uitat către cer și și-a adus aminte că se presupune că există un Dumnezeu cu care nu vorbise până atunci niciodată. Dar atunci când nu mai este nimeni în preajmă, rămâi tu, cu tine și cu Dumnezeu. De mult nu mai era ea însăși, ci doar un răspuns la ceea ce face sau spune el. Zi după zi în ultimii ani, a mai murit câte o parte din ea. Așa că a rămas doar El, Dumnezeu, în această încăpere.

În lacrimi, I-a spus:

„Toată lumea apelează la Tine. Pentru mine ai fost până acum un străin. Nu mai am nicio putere, nu știu ce să fac. Arată-mi Tu care este calea."

Odată ce aceste cuvinte au fost rostite, toată greutatea de ani buni pe care a purtat-o în spate a dat-o altcuiva, cuiva invizibil și atotputernic. Cel puțin așa știa că spune Biblia și predicile din bisericile pe care nu le vizita niciodată.

Așezată în pat, simțind perna sub cap, a reușit să doarmă.

A doua zi și-a dat seama că este prima noapte după un șir lung de zile și nopți nedormite în care a reușit să se odihnească. S-a trezit liniștită, hotărâtă, calmă, știind ce are de făcut.

S-a dus în bucătărie, a pus ibricul pe aragaz și a pregătit o cafea, la fel ca în toate diminețile. A simțit mirosul cafelei în timp ce o turna într-o ceașcă și a mers către living.

În capătul mesei era el. Citea ziarul în timp ce își bea ceaiul negru cu lapte și două lingurițe de miere. Când a venit în cameră, el citea nestingherit în continuare și nu s-a uitat către ea. Era o reacție obișnuită să o ignore. La fel cum și pentru ea era ceva obișnuit ca el să nu observe prezența ei.

S-a așezat în celălalt capăt al mesei lungi, din camera înaltă care părea un univers întreg, în care ei doi sunt în capete opuse, la fel cum au fost mereu. S-a așezat pe scaun, a așezat farfurioara cu ceașca de cafea, a luat o înghițitură și apoi, cu un ton hotărât, i-a spus:

—Eu divorțez.

Aproape că nu îi venea să creadă că poate să rostească aceste cuvinte care i-au fost în gând ani buni. Și odată cu rostirea acestor cuvinte și cu această decizie care nu avea cale de întoarcere, se simțea, în sfârșit, liberă. Era o senzație de plutire, de fericire, așa cum nu mai simțise de mult.

El s-a albit și îi era imposibil să creadă cuvintele pe care tocmai le-a auzit. S-a ridicat de pe scaun, a plecat în dormitor fără să spună nimic, iar după câteva momente, s-a întors. Uitându-se fix în ochii ei și căutând să o domine prin cuvintele și tonul vehement, a spus:

—Tu nu te gândești că o să mori singură? Că nu știi de niciunele?

Credea că avea, ca întotdeauna, puterea de a o intimida sau manipula. Și să ajungă ca ea să facă tot voia lui. De data aceasta, ceva era schimbat. Pentru că răspunsul pe care l-a primit a fost unul care sfida orice urmă de influență pe care ar mai fi putut să o aibă.

—Dar de când îți pasă ție de mine?

Fără niciun alt răspuns, el s-a întors în dormitor, s-a pregătit pentru o nouă zi, a plecat la muncă și asta a fost tot.

Acesta a fost sfârșitul unei căsnicii de... 33 de ani. 33 de ani de conviețuire nefericită în care viața ei s-a învârtit în jurul lui, măcinată de îndoială, de vinovăție, de frică, de chin și de umbre.

Bella avea 59 de ani când a decis să își rescrie povestea cu ea ca personaj principal, și nu ca rol secundar în piesa singurului bărbat pe care îl cunoscuse vreodată. Și a înflorit precum o narcisă pe drumul pe care s-a reconectat cu ea însăși și cu esența ei.

Partea necunoscută a psihicului în cazul Bellei care a imprimat relația cu soțul cu personalitate narcisistă a constat în lipsa experienței de viață și în naivitate.

În general, relațiile de acest gen încep cu o poveste cât se poate de romantică și atracția de început între parteneri este una magnetică. Timpul se dilată și intensitatea emoțională crescută este ceea ce face ca atracția să fie foarte mare, ca un fel de promisiune îndeplinită că există iubire ca în filme sau romane. La fel și Bella, s-a simțit bine în a juca rolul celei alese de Pavel ca iubită și, ulterior, soție.

După atenția specială și deosebită de la început, curând începe un joc al puterii pe care o personalitate de tip narcisist caută să o aibă la nivel psihologic asupra celeilalte persoane. Astfel, apare destul de rapid manipularea, iar lucrurile se întâmplă mereu așa cum vrea sau impune această personalitate narcisistă. La fel și Bella, a ajuns să facă toate lucrurile doar așa cum știa că îi fac lui plăcere.

Lipsa de empatie a personalității narcisiste face ca orice cerință venită din partea partenerului sau a partenerei să fie ridiculizată, fie nebăgată în seamă, fie minimizată, pentru că totul se învârte în jurul dorințelor sale. Mai mult decât atât, există un anumit fenomen de negare a vieții emoționale a celuilalt, emoții care sunt privite ca fiind slăbiciune sau victimizare.

Atunci când partenerul vorbește despre cum se simte sau despre anumite comportamente toxice care sunt aduse în discuție, cum ar fi:

„Nu mi-ai răspuns două săptămâni la mesaje și acum apari", acestea sunt întâmpinate de răspunsuri de genul:

„Atât de mult timp a trecut? Nu mi-am dat seama" sau „Cred că așa ți s-a părut ție, am avut treabă, nu am făcut asta intenționat, acum sunt aici, hai să ne bucurăm de momentul acesta."

Orice urmă de sensibilitate este taxată cât se poate de puternic. O remarcă de genul „Aș vrea să nu mai vorbești pe tonul acesta cu mine" va primi ca replică: „Ești tu prea sensibil/ă, eu așa vorbesc cu toată lumea."

De-a lungul timpului, posibil ca viețile să devină atât de separate, încât comunicarea să se rezume la cele mai banale lucruri. Povestea căsniciei ilustrată în acest capitol e una de acest tip. De fapt, de la început au existat multe diferențe între Bella și Pavel și comunicarea era banală, dar atunci când te îndrăgostești, mai contează cuvintele?

La nivel de încredere în sine, acest efect este unul devastator, pentru că în această relație nu te poți exprima sau comunica nici despre cele mai mărunte lucruri care țin de viața emoțională. Faptul că atracția este atât de puternică face ca acele limite sau graniţe care țin de respectul față de propria persoană să fie semnale de alarmă ușor de ignorat.

Ca urmare firească a neputinței de a te exprima, începi să te pui sub semnul întrebării tot mai mult și să consideri că nu ești suficient de bun sau bună și să dai mai mult, fără limite chiar. Vrei să fii o versiune mai bună a ta, sperând doar ca relația să fie mai bună și astfel îți imaginezi că partenerul cu personalitate narcisistă te vede, te apreciază și te valorizează. Doar că el nu poate face acest lucru...

Bella căuta să îi vorbească, mai ales după ce a început să studieze psihologia, îl invita să lucreze asupra relației prin diverse jocuri sau tehnici, dar de fiecare dată era refuzată. Până când a renunțat și s-a retras complet într-un colț interior al deziluziei.

Între timp, anxietatea devine tot mai mare și orice capacitate de a lua propriile decizii sau de a face ceea ce-ți dorești începe să fie pusă sub semnul întrebării, pentru că nu mai știi ce dorești, nu mai știi ce vrei, nu mai știi dacă ceea ce îți dorești să faci îl va supăra pe celălalt sau îl va nemulțumi și atunci vei renunța să faci lucruri pentru tine. Anxietatea care crește este ceea ce face ca dependența emoțională să fie atât de mare. Te îndoiești atât de mult de tine, încât începi să crezi că exiști doar în momentul în care ești validat sau validată.

În cazul Bellei, anxietatea a luat forma unei obsesii pentru curățenie. Pe când el progresa profesional, ea nu s-a ocupat de nimic altceva decât de copil, de soț și de casă. Făcea curat câteva ore pe zi, compulsiv, probabil din dorința de a face ordine în lumea interioară. Încă se luptă cu aceste obiceiuri vechi, care au rămas înrădăcinate adânc, chiar dacă se surprinde uneori că a lăsat vase nespălate în bucătărie sau nu a șters praful de pe mobilă, lucruri pentru care în alte timpuri s-ar fi certat groaznic și s-ar fi simțit extrem de vinovată și de rușinată.

Deseori, victimele unei relații cu o personalitate narcisistă ajung să muncească sau să facă credite pentru un bun comun pentru care personalitatea narcisistă își va lua toate creditele rezultatelor bune.

Modurile în care dependența se poate instala, de multe ori, dincolo de partea emoțională, ajung să fie și de natură financiară, ceea ce face lucrurile și mai complicate, dacă într-o relație de acest gen sunt și copii la mijloc. Acest lucru s-a întâmplat în relația Bellei, care și-a lăsat la o parte dorința de a studia și de a avansa profesional, în momentul în care l-a întâlnit pe Pavel.

Încă de la început, Pavel avea studii superioare, pe când ea, nu. El era foarte informat și cult, curând a devenit director și o persoană cu un statut social suficient de ridicat cât să își întrețină fără griji familia.

Bella se simțea mândră lângă el și complexată în același timp că nu e suficient de bună pentru el. Veniturile lor erau diferite și rolul atribuit de toți cei din jur pentru ea era „soția directorului", ulterior mamă casnică.

La nivel financiar era complet dependentă de veniturile și de banii pe care îi primea de la Pavel. Era un cont pentru cheltuieli comune, cu o sumă de bani fixă și contul lui era mereu separat de cel al familiei.

Nu și-a dat seama cât de dependentă este de opinia lui până când într-o zi a mers la cumpărături cu sora lui Pavel și a văzut o rochie care îi plăcea. Primul lucru pe care l-a făcut a fost să își sune soțul și să îl întrebe dacă poate să își cumpere rochia. Reacția cumnatei sale i-a rămas întipărită în minte:

—Bella, dar tu nu faci nimic fără să îi spui?

Atunci a observat adevărul din spatele cuvintelor pe care tocmai le auzise.

La scurt timp după aceea, Bella s-a înscris la facultate și a început să studieze ceea și-a dorit întotdeauna: psihologia. Apoi a absolvit masteratul și dintr-odată, nivelul ei academic era unul superior lui. Nu s-a bucurat nicio clipă pentru reușitele ei, probabil că știa că devenind mai independentă atât emoțional, cât și financiar, ar putea să se schimbe lucruri în atitudinea ei față de el.

În timp, așa s-a întâmplat. A ieșit din zidurile casei care o strângea ca un corset și a început din când în când să respire, chiar dacă a păstrat tăcerea asupra suferinței ei toată viața. Până de curând, când a fost capabilă să-și deschidă sufletul și să elibereze tona de lucruri ascunse o viață.

Eliberarea a fost pe măsura greutăților purtate la nivel interior și chiar dacă a fost greu să lupte pentru libertatea ei, pas cu pas, în timp, lucrează să salveze toate bucățile de suflet rămase blocate în negura timpului.

Privind în urmă, acum poate să spună că tot ceea ce s-a întâmplat a fost pentru că ea a permis asta. În momentele acelea, simțea că nu are nicio scăpare.

Poate că și tu cauți o salvare, dar nu știi unde este și afli pe propria piele că ea nu va veni niciodată din afara ta. Și ce faci atunci? Cât de departe poate să meargă acest fenomen de distrugere, de autodistrugere? Pentru că personalitatea narcisistului mizează pe faptul că ești atât de dependent sau dependentă de această relație, de tot ceea ce această relație oferă, încât nu se gândește că ai putea pleca. Acesta e motivul pentru care surpriza sau șocul pe care îl primește în momentul în care e părăsită o personalitate de tip narcisist este foarte mare.

Aproape întotdeauna va spune că este vina celuilalt, că nu a făcut față presiunii de a deveni mai bun/ă sau că e prea sensibil sau sensibilă. Va căuta, cu siguranță, o justificare sau o poveste prin care celălalt e un persecutor. Sau pur și simplu este prea slab/ă. Sau prea neinteresant/ă. Sau prea lipsit de ambiții.

Personalitatea de tip narcisist părăsește deseori relația, dar se întoarce. Când simte nevoia de validare și de afirmare sau de susținere necondiționată, fără întrebări sau reproșuri, te va căuta.

Să fie părăsit/ă este ceva de neconceput pentru că se consideră superior sau superioară partenerei sau partenerului și mizează pe faptul că lamentările emoționale sunt ceva trecător și neînsemnat.

Există o nevoie de atenție totală și exclusivă, chiar dacă nu oferă acest lucru în schimb, pentru că personalitatea narcisistă se poziționează în rolul principal și orice discuție ajunge să graviteze în jurul propriei persoane.

Când Bella l-a rugat pe soțul său să o însoțească la sărbătorirea anului doi de facultate, el a întrebat cine mai vine. Prietenele ei nu erau o companie bună și a refuzat să meargă pentru că „nu avea ce să discute acolo".

Rolul persoanei de lângă o personalitate narcisistă e să o aclame, să aplaude și să preamărească prestația protagonistului și a protagonistei, fără prea mult drept la replică. Și fără prea multă interacțiune cu alte personaje.

În consecință, Bella, neînsoțită de Pavel, a rămas acasă și au petrecut seara fiecare în camera lui, la televizor.

În mitologie, în urma lui Narcis rămâne o floare prețioasă, foarte delicată și frumoasă. Narcisa simbolizează promisiunea către o transformare uluitoare de care noi, ființele umane, suntem capabile. Floarea aceasta, care crește în interior, este o nouă versiune asumată a propriei persoane. Povestea lui Narcis și a lui Echo, nimfa care se îndrăgostește de el, trece prin fenomenul de muțenie și poate că și tu simți că rămâi fără voce, rămâi fără chip, fără viață, ca apoi să poți renaște în altă formă.

E nașterea unei noi versiuni a ta, care a fost mereu disponibilă, dar care n-avea cum să fie vizibilă fără această poveste. Acesta este tâlcul din spate: sensibilitatea care rămâne un veșnic atribut al acestei flori, împreună cu delicatețea cu care știe să recunoască lucrul acesta în alte persoane.

Poate te gândești că tu nu știi de unde să pornești acest proces de transformare a ta sau dacă e posibil. Niciodată nu este un proces ușor, dar, cu siguranță, nu ești singurul sau singura care a trecut prin disoluție și renaștere. Locul în care începe această transformare e acela în care găsești ceva mai important decât această relație.

La nivel psihologic, e posibil să simți că e un război continuu între a sta și a pleca. În fiecare zi îți spui că vei pleca și că nu îi vei mai răspunde la telefon, și apoi o faci. Însă în momentul în care există ceva mai presus decât relația, poate că este un copil, poate că este o pasiune, poate că este un plan, un vis din copilărie, ține-te de acea forță care îți dă puterea să mergi mai departe și să începi să construiești din ruine ceva nou.

De multe ori, în urma unei relații cu o personalitate narcisistă apare sentimentul de depreciere de sine și un spațiu de victimizare în care energia este consumată și degenerează în resentimente și dispreț. Te îndoiești de tine și de orice persoană din jur. Bella mi-a relatat că ea a fost o victimă doar pentru că i-a dat lui voie să fie mereu deasupra, punându-l și păstrându-l pe acest piedestal imaginar. Acum și-a dat seama că era necesară această poziționare interioară ca să poată ignora infidelitățile și disprețul lui zeci de ani.

Această energie ce te consumă ca pe o lumânare poate să fie pusă pentru a construi și a crea o versiune nouă a ta.

Chiar dacă e dificil, caută să eviți a-ți consuma energia pe critici interioare în care te cerți pentru că ai fost atât de orb sau oarbă sau cum de ai lăsat să se întâmple asemenea lucruri, cum ai putut să ierți de fiecare dată.

Poate că apar regrete sau gândurile obișnuite că ai fi putut să faci mai mult și poate că ar fi mers relația. Din moment ce citești această carte, sunt sigură că deja ai făcut mai mult decât era sănătos pentru tine și că ai dat mai multe șanse celeilalte persoane decât ți-ai dat ție.

Privind în urmă, cu siguranță poți să găsești o serie de indicii cum că lucrurile n-ar fi mers nicăieri. Doar că aceste indicii devin evidente abia după ce povestea s-a derulat și ața din ghem s-a deșirat. Tocmai din acest motiv, locul acesta în care te simți o victimă a unei relații cu o personalitate de tip narcisist este doar unul în care proiectezi din trecut. Este un loc al deșertăciunii.

Pasivitatea ta nu este o armă decât îndreptată asupra ta. Orgoliul nu te face să fii mai puternic/ă, ci doar să te prăbușești în interior.

Chiar dacă ai îndepărtat multă lume din jurul tău de-a lungul acestei relații care ți-a făcut atât de mult rău, sunt sigură că încă există oameni care te iubesc și te-au iubit mereu, care vor să-ți fie alături. Zidurile care se creează prin intermediul acestei relații sunt unele foarte mari, dar nu ajung la cer. Poți să dărâmi această fortăreață interioară și treptat lasă să vină alături de tine oameni care te pot ajuta și care pot să-ți aducă aminte de cum ești tu, de fapt.

Dă-ți voie să descoperi din nou lucrurile care îți făceau plăcere altădată.

Dă-ți voie să visezi din nou pentru că viața nu se termină odată cu această relație, ci merge înainte cu mult mai multă înțelepciune și putere.

Dă-ți voie să te reinventezi și să apară din nou scânteia vieții.

Acesta este momentul în care știi că poți să te ridici și să mergi mai departe.

Recuperarea ia ceva timp. Pentru că înainte de a construi orice altceva e nevoie să strângi tot molozul căzut în momentul în care iluzia unei relații reușite cu un partener cu personalitate narcisistă s-a destrămat. Inițial trebuie să faci curat. Să vezi care sunt acele părți din tine care au fost profund lezate și care aveau nevoie de o recondiționare. Care sunt acele limite ale tale pe care nu le-ai cunoscut până acum și la care e nevoie să lucrezi.

Poate că inițial dacă aveai un măr, considerai că îl poți da cu totul celuilalt și ulterior ai văzut că nu mai ai aceeași disponibilitate de a dărui. Descoperi că pentru a fi și tu hrănit/ă în relația pe care o ai cu cineva, poți să dai doar jumătate. Și este în regulă. Poate că inițial e nevoie să mănânci un măr sau două de una singură sau de unul singur, să te hrănești tu pe tine ca să-ți dobândești forța necesară de a merge mai departe. Și este în regulă.

Poți începe lucrurile în momentul în care știi să te hrănești singur sau singură și nu mai ești dependent emoțional de persoana de lângă tine.

Povestea ta de iubire cu atracția fatală demnă de platourile de filmare sau de scenarii shakespeariene poate deveni un loc în care fiecare partener știe să ceară, să primească, să împărtășească și să ofere iubire.

4. De la mit la realitate

Consider că există foarte multă înțelepciune în istoria umanității care a fost transpusă în miturile Grecei antice. Pentru înțelegerea dinamicii relațiilor cu o personalitate narcisistă, legenda lui Narcis e un punct de plecare util. Povestea din mitologia greacă ilustrează teme precum iubirea neîmpărtășită, vanitatea și soarta tragică.

În strânsă legătură cu Narcis, vorbim despre Echo, o nimfă frumoasă, care a fost blestemată de zeița Hera să repete doar ultimele cuvinte rostite către ea. Hera era soția lui Zeus, o instanță foarte puternică și răzbunătoare față de oricine se apropia de soțul său, cunoscut pentru infidelitățile sale. Echo a fost doar una dintre multiplele victimele ale geloziei Herei. După ce a fost blestemată să-și piardă puterea de a comunica și fără să mai aibă o voce, Echo a devenit doar o umbră a ceea ce fusese înainte.

Într-o zi, Echo l-a întâlnit pe Narcis, un tânăr de o frumusețe răpitoare, care era foarte îndrăgostit de propria sa frumusețe. Atât de îndrăgostit era de el însuși, încât a respins pe oricine îi arăta iubire sau afecțiune. Echo s-a îndrăgostit profund de el, dar blestemul a făcut imposibilă exprimarea sentimentelor sale. Când, în sfârșit, s-au cunoscut, Narcis a respins-o cu cruzime. Îndurerată, Echo s-a retras în sălbăticie, dispărând treptat până când din vocea ei a rămas un sunet slab, ce repeta întotdeauna cuvintele altora.

Între timp, zeii l-au pedepsit și pe Narcis pentru vanitatea și lipsa sa de empatie. Astfel, el a văzut reflexia lui într-un iaz limpede și s-a îndrăgostit de această reflexie fără să înțeleagă că era doar o imagine. Incapabil să se abată de la această fascinație, a murit în singurătate, consumat de dorința neîmplinită de a se putea iubi. În unele versiuni, Narcis a murit de disperare sau s-a înecat încercând să îmbrățișeze reflexia sa.

Ce a rămas în urma lui a fost floarea ce-i poartă numele, narcisa.

Povestea are mai multe laturi interesante de explorat: iubirea neîmpărtășită a lui Echo, care a fost una fără speranță încă de la început și inevitabilul tragic sfârșit al lipsei de comunicare.

Este o iubire unilaterală, care până la urmă o distruge.

De asemenea, în cazul lui Narcis, observăm că prețul vanității și al obsesiei pentru propria persoană e moartea sinelui. Narcis se consumă pe sine până la autodistrugere.

În cele mai multe relații, o personalitatea de tip narcisist dorește să se regăsească pe sine. Se proiectează pe sine în cealaltă persoană, mai ales la început, în dorința de a vedea sau în speranța de a găsi pe cineva ca el sau ca ea.

Proiecția de început care în legendă este simbolizată de apa ce îl oglindește îl determină să creadă că persoana aleasă cu care intră într-o relație e una asemănătoare sieși. Deseori, cel sau cea cu personalitate narcisistă se îndrăgostește de propria proiecție asupra unei relații perfecte.

Îndrăgostit/ă fiind, se dăruiește pe sine, iar partenerul sau partenera oglindește tot ceea ce este frumos și magic în acest început de relație desprinsă din poveste. Multă atenție, speranță și proiecție inconștientă reprezintă caracteristicile pe care se bazează începutul relației cu o personalitate narcisistă.

Echo e cea care în fața lui Narcis nu a avut niciodată o voce, ci doar un ecou care curând se transformă în respingere pentru că fenomenul de proiecție începe încet, încet să se destrame.

La fel ca și în legendă, prețul pe care îl plătește o personalitate de tip Echo în relația sa cu Narcis este acela că își pierde, pe lângă voce, și propria individualitate.

Aceasta e povestea în care femeia sau bărbatul special, alesul sau aleasa inimii pe care am așteptat-o sau care a fost așteptat o viață întreagă, devine o persoană care nu mai răspunde la mesaje sau la conversații și locul în care critica își face ușor apariția și apoi tot mai multe reproșuri.

La început, totul pare că este o situație care se rezolvă în timp, pe măsură ce ne cunoaștem mai bine și reușim să comunicăm mai bine unul cu altul. Rareori lucrurile stau așa. Treptat, relația devine toxică fără să ne dăm seama, căutăm scuze pentru toate acele lucruri care ne dor și ne învinovățim pe noi pentru tot ceea ce nu merge bine. Dorința obsesivă de a fi văzut/ă, de a fi auzit/ă și lipsa oricărui ecou în partea cealaltă sunt o doză de suferință zilnică.

La nivel psihologic, proiecțiile devin incredibil de puternice și iluzia că poți să fii mai mult sau să dai mai mult pentru o fărâmă de atenție devine terenul pe care încep să apară deziluzia, tristețea și o lipsă a încrederii în sine ce duce spre o anihilare a propriei persoane.

Aceste cicluri toxice și bucle de apropiere și de depărtare, de iubire și de respingere sunt la ordinea zilei. Personajul care are controlul asupra relației și dinamicii relației e cel cu personalitate narcisistă. El sau ea decide când și unde au loc întâlnirile, dacă au loc întâlnirile, dacă te prezintă sau nu prietenilor sau te lasă acasă, dacă găsește lucruri mai importante de făcut, alte priorități sau vei primi și tu un loc în lume lângă el/ea sau în privat.

În sesiunea de cuplu ce am intermediat-o pentru Ana și Dan, ea își dorea să lucreze asupra relației dintre ei. Invitația la întrebarea mea de a defini relația pentru fiecare dintre cei doi a scos la iveală că nu exista nicio relație asumată din partea lui. Exista dorința Anei de a avea o relație serioasă, pentru Dan era doar o amiciție cu beneficii. Pentru el, Ana nu era o parteneră cu care să vrea să se prezinte în lume. Nu făcea destul sport, nu era destul de ambițioasă, nu era destul de frumoasă, nu era destul de cultă, nu era destul de citită, nu era destul de atrăgătoare pentru el. Nu avea un loc lângă el, pentru că nu se ridica la înălțimea așteptărilor lui.

Ana nu a fost niciodată o alegere, ci doar o opțiune. Această realitate ce se dovedește una extrem de dură este primul pas către eliberare, spre a fi din nou o ființă întreagă, nu doar părți de care celălalt dispune după bunul plac. Pentru persoana care te iubește, vei fi destul.

Înțelegând mai bine mitul lui Narcis, putem explica dinamica personalității narcisiste în relații. Întotdeauna vedem că există o anumită obsesie față de sine. Propria imagine este un construct foarte atent elaborat. Există o preocupare permanentă pentru imaginea de sine, pentru modul în care narcisistul arată.

De cele mai multe ori, la nivel fizic, o personalitate narcisistă este un personaj foarte atrăgător.

Narcisiștii sunt obișnuiți să fie în centrul atenției și nevoile lor primează față de emoțiile sau nevoile altor persoane din jur. Cumva, toată lumea e nevoită să se muleze după preferințele de moment ale acestora.

Atunci când nu primește această atenție sau când această imagine de sine e, într-un fel sau altul, știrbită de anumite fapte concrete, reacția este una agresivă sau narcisistul pleacă din relație. Părăsește locul acela în care simte că nu este apreciat sau respectat ori prețuit.

Deseori, personalitatea narcisistă e captivă propriului univers, un univers ideal, în care consideră că dăruiește foarte mult, că i se cuvin foarte multe lucruri, iar în momentul în care e confruntat cu dorința partenerului sau a partenerei de a oferi afecțiune sau implicare ori atenție, el se consideră o victimă a neînțelegerii sau a unor pretenții exagerate.

Aproape orice poveste începe cu o persoană fermecătoare, care pare că ghicește exact ceea ce ai nevoie, dar care, încet, încet, ajunge să conducă toate acțiunile în propriul beneficiu. Totul se învârte în jurul său și nici nu poate să fie altfel. Și consideră că toate persoanele din jur sunt doar personaje care susțin propria poveste, personaje secundare.

Chiar dacă la nivel inconștient se caută pe sine într-o altă persoană, este incapabil/ă să cuprindă cu adevărat în universul său pe altcineva. Putem concluziona că dintr-un punct de vedere, e un visător sau o visătoare condamnat/ă.

Narcis încearcă să-și atingă reflexia în apă, dar iluzia se destramă de fiecare dată. La fel și personalitatea narcisistă. Caută și găsește diverse reflexii ale sale pe care le proiectează în jur, însă nimeni nu e prea bun sau destul de bun pentru el.

Chiar dacă la început, la nivelul proiecției, este fascinat de cel sau de cea din fața sa ca de propria persoană, de fiecare dată, reflexia celuilalt se va destrăma din neputința de a accepta o lume interioară, nevoi, dorințe, emoții, visuri, aspirații ale celuilalt.

Astfel, povestea se destramă și de fiecare dată, celălalt va fi cel sau cea care nu a înțeles sau nu a răspuns corect, nu a dat timp sau a devenit mult prea nemulțumit/ă pentru ca relația să meargă. Va găsi mereu acele părți care au nevoie de îmbunătățire, criticând puternic, astfel încât celuilalt nu-i va da motivația de a deveni mai bun, ci va usca orice fărâmă de voință de a evolua.

Această agresivitate manifestată față de partener/ă, fie în mod activ și evident, fie pasiv și manipulativ, este arma pe care în mod ironic o întoarce întotdeauna şi asupra propriei persoane.

De foarte multe ori, o personalitate de tip narcisist este sau devine autodistructivă.

Relaţiile cu cei din jur sunt distruse din cauza egocentrismului său şi deseori este părăsit sau părăsită, astfel că se trezeşte adesea singur sau singură.

Care e esenţa din spatele personalităţii narcisiste?

Esenţa din spatele unei personalităţi de tip narcisist e una tristă şi măcinată de ruşine.

Ruşinea este acea emoţie profundă pe care orice personalitate de tip narcisist caută să o ascundă. Această ruşine are legătură cu o perioadă vulnerabilă din viaţa sa, de multe ori din copilărie, în care au existat diverse ruşini: poate un context familial cu un tată sau cu o mamă alcoolică, infidelitate, sărăcie, bullying, o neputinţă de a face faţă unui sentiment de inferioritate care apare deseori în lumea copiilor.

Această ruşine cu care este greu să te poţi lupta atunci când eşti copil se poate gestiona mai uşor când se creează o mască. Pentru că în tot acest material de până acum am vorbit despre o personalitate de tip narcisist, nu despre o esenţă. Termenul de personalitate se referă la o mască ce se construieşte pentru a ascunde o esență, în cazul personalității narcisiste vorbind despre o esență profund rănită.

Esența rănită a narcisistului ascunde întotdeauna o rușine, un sentiment de inferioritate pe care începe să îl manipuleze printr-o atitudine nepăsătoare față de cei din jur, pentru că suferința la nivel interior este prea mare. Și atunci, din punct de vedere emoțional, pur și simplu se deconectează de la cei din jur. În acest fel își face apariția lipsa empatiei, care este o caracteristică a acestui tip de personalitate.

Preocuparea excesivă pentru fizic are ca rol și scop tot protecția.

Nu îți arăt cum este interiorul meu, nu știi cine sunt, pentru că ești fascinat/ă și fermecat/ă de aparența unui fizic cât se poate de plăcut și de atent elaborat. Aproape perfect. Și gol în interior.

De asemenea, această deconectare emoțională face loc pentru preocupări intelectuale. În procesul de formare a personalității narcisiste, timpul și energia sunt investite în a dezvolta mentalul.

În consecință, narcisiștii știu foarte bine ce au de spus, au întotdeauna cuvintele potrivite cu ei.

De multe ori înaintea unei întâlniri importante, exersează în oglindă mesajul pe care îl au de transmis. Citesc înainte de a intra într-o discuție, astfel încât într-o conversație sau într-o dezbatere vor avea tot timpul argumente pregătite ca să fie deasupra și să aibă ultimul cuvânt.

Prețul plătit e însingurarea față de sine și iluzia acestei imagini de sine perfecte. Se prezintă celorlalți ca fiind omul pe care îți dorești să îl ai în preajmă, iluzie ce se sparge într-un final marcat de dezamăgire și respingere.

Admirația inițială a celor din jur, fascinați de personalitățile de tip narcisist, este acel feedback care întărește această imagine de sine și sentimentul de valoare. Le place să fie înconjurați de persoane care îi admiră pentru ceea ce fac, pentru modul în care arată, pentru succesul pe care îl au.

Chiar dacă există o lipsă profundă de respect față de acest cerc admirativ, o personalitate de tip narcisist se bazează pe această validare și această admirație constantă de care au nevoie să le primească din jur.

Ce se întâmplă între timp cu acea esență rănită?

Nimic din exterior nu poate ajunge să consoleze această esență încapsulată în durere. Tensiunea intrapsihică e consumată prin comportamente dependente, autodistructive.

Adesea, o personalitate narcisistă are tot felul de vicii: consum de droguri, consum de alcool, o anumită promiscuitate sexuală pe care caută să o ascundă în continuare sau căreia i se găsesc diverse justificări.

La nivel interior, prin acest gen de comportamente distructive, cercul rușinii e în permanență întărit, fără ca Narcis să poată evada de acolo.

O altă modalitate de manifestare este prin muncă excesivă, care adesea va conduce la burnout.

La fel ca și în mit, Narcis se distruge singur pentru că oricât de frumos e în afară, în interior este măcinat de acele emoții profunde pe care nu le poate depăși decât în momentul în care ajunge să se confrunte cu ele.

Pentru această confruntare, e nevoie de curaj, de vulnerabilitate și de acceptarea ajutorului din afară, misiune dificilă pentru o personalitate de tip narcisist.

În momentele sale cele mai vulnerabile, un narcisist care lasă garda jos e doar un copil rușinat ce plânge într-un colț și la care nu a venit nimeni atunci când era în suferință.

Dacă poate accepta să fie văzut și îmbrățișat în toată vulnerabilitatea, rușinea și tristețea pe care și-a dorit să le ascundă atât de mult, un nou orizont se poate deschide.

E o altă continuare a legendei, una care nu a fost scrisă în Antichitate, dar care este disponibilă cu ajutor de specialitate.

Putem încerca să scriem un alt deznodământ...

Narcis, în încercarea de a-și îmbrățișa reflexia din apă, observă pe suprafața apei reflexia razelor de soare. În loc să se urmărească pe sine, atenția îi este atrasă de lumină și își îndreaptă privirea către soare, către cer. În timp ce stătea bucurându-se de fuziunea cu apa, simțind cum cerul și pământul se unesc, în apropiere se aud pașii unei nimfe și cântecul său...

Povestea de aici merge mai departe așa cum imaginația ta o poate concepe ca fir narativ. Îndemnul meu pentru tine este acela de a scrie pentru tine următoarele rânduri, pentru că astfel vei reuși, prin povestea pe care o creezi tu pentru tine, să afli care este dorința inimii tale și relația pe care ți-o dorești.

Înainte ca orice poveste a unei relații să devină realitate, e nevoie ca întâi să ia naștere în mintea ta.

5. Ema

„În faţa mea stă o doamnă cu cearcănele acoperite de fond de ten, dichisită şi totuşi penibilă în hainele viu colorate care sunt depăşite pentru vârsta ei. Suntem la un restaurant franţuzesc, cu un pahar de Chardonney în faţă. Râde puternic la o glumă şi vrea să aibă un ton tineresc. Nu, nu râde la glumele mele. Eu nu am spus nimic. Ea vorbeşte la telefon, nu ştiu exact cu cine, doar bănuiesc.

Da, ea e soţia mea, Ema.

În câteva secunde va închide telefonul şi va spune o banalitate.

—Ce cald e afară! Cred că era mai bine dacă rezervai o masa în interior, acolo măcar era aer condiţionat! Apoi se uită în altă parte...

Cunosc fiecare gest al Emei. Îi intuiesc cu câteva secunde înainte mişcările şi de multe ori ştiu ce vrea să spună înainte de a începe propoziţia. Este fie previzibilă, fie îi cunosc atât de bine limbajul nonverbal, încât cu greu mă mai poate lua prin surprindere ceva venit din partea ei. Recunosc, uneori încă reușește...

După 10 ani de căsnicie și 7 de relație, cred că este un lucru normal să îl cunoști pe omul de lângă tine, cu o mică rezervă a necunoscutului care merită totuși luată în calcul. Eu am uitat de rezervă și m-am lăsat surprins...

Povestea noastră a început în facultate. Ne-am îndrăgostit nebunește unul de altul, dar nu de la început. Ema nu era atât de frumoasă ca restul fetelor care mă acompaniau de obicei. Poate că exact acest lucru m-a făcut curios sau m-a fascinat.

Este greu pentru mine să vorbesc despre trecut, mai degrabă îmi amintesc lucruri și le interpretez acum, după 17 ani, în virtutea celor întâmplate.

Îmi plăcea că era veselă și râdea cu o poftă care era imposibil să nu te facă și pe tine să zâmbești, chiar dacă glumele mele nu erau foarte amuzante. Era în jurul ei un aer de veselie și de lejeritate care îmi plăcea.

Pentru Ema, totul părea simplu. Și a rămas simplu pentru ea pentru că atunci când își dorește ceva, știe cum să facă și cum să ceară lucrurile astfel încât îți este greu să o refuzi. Toate vin și pleacă ușor la ea.

Mi-am dorit să o fac fericită.

Nu știu dacă mi-am asumat în mod conștient acest lucru sau nu, însă multe acțiuni și lucruri pe care le-am făcut au fost pentru ea, pentru a o vedea pe ea fericită.

La început era simplu. Era de-ajuns să mă vadă ca să pară fericită.

Apoi a început să dorească tot mai multe și îmi spunea că împlinirea ei ca femeie înseamnă și anumite lucruri care merg mai departe de relația noastră de cuplu. Și eu îmi doream să devenim o familie, deci cumva mergeam în aceeași direcție: o casă frumoasă, o afacere care să ne asigure confortul material, copilul.

După căsătorie, ne-am mutat împreună într-un apartament micuț, suficient pentru noi doi, însă voiam să îi ofer o casă mai mare, o terasă plină cu flori, hainele pe care și le dorește. M-am simțit responsabil ca bărbat să fac aceste lucruri pentru noi. Și am reușit.

Ema nu mi-a cerut niciodată ceva în mod clar. Nu este genul de femeie care să vină și să îmi spună: „Emil, îmi doresc să mergem anul acesta în vacanță în Maldive", ci mai degrabă cerința ei îmbrăca o formă deghizată: „M-am întâlnit astăzi cu Irina și mi-a povestit de vacanța din Maldive. Este fenomenal acolo! Am văzut niște poze pe internet și e într-adevăr super", continuând cu tot felul de argumente și detalii care știe că m-ar putea interesa și pe mine. Așteaptă cumva întrebarea sau invitația să vină de la mine: „Și... vrei să mergem în Maldive?"

Astfel, dacă mergem în Maldive și ceva nu îi place sau apar probleme, eu sunt de vină pentru că am propus să mergem acolo în vacanță.

Scenariul acesta l-am trăit de multe ori, sunt obișnuit cu el și, deși am încercat să o conving că e mai bine să îmi spună exact ceea ce își dorește, nu am avut rezultate până acum. La ea, toate sunt învăluite în mister, în deducție și ghicitoare.

Știu că acest lucru se întâmpla în primul rând pentru că nici ea nu știe exact ce își dorește și atunci nu are cum să ceară ceva, dacă nu știe ce vrea.

O iubesc pe Ema în continuare, deși aș putea scrie multe pagini despre ceea ce nu îmi place la ea. Sunt îndrăgostit însă de o altă femeie.

La Ema simt că nu am ajuns niciodată să o cunosc cu adevărat, deși dormim sub același acoperiș de foarte mulți ani. Sub același acoperiș nu înseamnă și același pat. Se întâmpla deseori să dorm cu fiul meu, sau ea, iar unul din noi să doarmă singur.

Se întâmpla adesea să adorm înainte de a veni ea acasă. Ea merge la petreceri, iese în oraș cu prietenele ei sau lucrează. Se ocupă de o organizație nonguvernamentală pe care o conduce de câțiva ani, care ajută copiii cu dificultăți de învățare.

Face multe cursuri, aduce tot felul de profesori din toate colțurile lumii, îi învață pe profesorii de aici noi metode de predare ca să-i ajute pe copiii care nu reușesc prin metoda tradițională.

Admir munca ei și că ea crede în ceea ce face.

Eu sunt un om mai practic, conduc o companie în domeniul lemnului, facem mobilă și o vindem în străinătate. Este o afacere prosperă, din care am putut să îmi întrețin familia încă din primul an. Ema nu a fost nevoită să lucreze niciodată și mi-a plăcut mereu să îi asigur acest confort.

Îmi plăcea să știu că fiul nostru, Darius, este crescut și îngrijit de mama lui, nu de o bonă care oricât de mult s-ar ocupa de el, nu poate lua locul unei mame.

Primii 2 ani a stat acasă cu Darius, apoi mi-a spus că dorește să înceapă din nou activitatea, că se plictisește să stea doar acasă, în parc și toată ziua să schimbe scutece și să facă mâncare pentru bebeluși.

Am înțeles și până la urmă tot la bonă am ajuns.

Cu toate acestea, nu îmi plăcea să îl văd pe Darius toată ziua cu bona în timp ce Ema stătea la întâlniri cu fetele și cu tot felul de mame care se plângeau de copiii lor că nu pot să învețe. Doar că asta o făcea pe ea să fie fericită.

De multe ori m-am întrebat dacă e în concurs sau în competiție cu mine, cine e mai popular, cine are o afacere mai prosperă. Eu nu am privit lucrurile așa, dar ea, da. Spunea că vrea libertate și că nu îi place să fie dependentă de mine.

Odată cu această asociație, am început să stau din ce în ce mai mult timp singur. Fabrica de mobilă funcționează fără să fiu prezent mai mult de 8 ore la serviciu, adică un program de lucru normal. La Ema e diferit: dimineața sunt cursuri, în weekend sunt cursuri, după-amiază, întâlniri de business, serbări, iar seara, cocktailuri pentru strângere de fonduri.

Au fost ani buni când puteam număra pe degete sfârșiturile de săptămână petrecute în familie. Ne-am certat des pentru că eu o voiam acasă, lângă mine, lângă fiul meu, iar ea era plecată cu copiii altora, cărora le preda și îi învăța lucruri pentru care eu plăteam meditatori.

Reușea să mai fie ea, așa cum o știam odată, veselă, amuzantă, doar în compania altora. Acasă era încruntată, mereu nemulțumită de mine sau de ceva ce făceam, iar pe Darius îl ceartă mereu. Nu mai contează de mult pentru ea atențiile mele, trandafirii care îi plăceau altădată și pe care îi lua în gură și mă invita în dormitor să dansăm „tangou", un parfum sau o atingere de-a mea.

Într-o zi, Darius mi-a spus ca o urăște. L-am înțeles. Nu am comentat nimic, poate că și o parte din mine o urăște.

Ceea ce s-a întâmplat în continuare, povestea care începe acum e un alt capitol al povestirii mele, poate că mulți vor spune că vine ca o răzbunare din partea mea. Însă nu e așa, m-am împotrivit multă vreme sentimentelor și emoțiilor care mă năvăleau în preajma Carlei, directoarea de vânzări a companiei mele.

Carla nu a fost angajată direct de către mine pentru că mă simțeam atras de ea, ci pentru că cei de la Resurse umane au considerat că e timpul să angajăm un expert, iar ea era recomandată de un CV impresionant pentru ceea ce aveam nevoie. Am cunoscut-o datorită rezultatelor ei în echipa de vânzări și creșterii exporturilor.

Nu aș putea descrie întâlnirea dintre noi ca fiind una specială. Nu a fost nimic care să îmi atragă atenția la Carla în afara rezultatelor ei și a seriozității. Aceste lucruri cred că sunt apreciate de către orice manager care ține la compania sa și la calitate.

Mi-a plăcut însă tonul cald cu care vorbea, amabilitatea și toate lucrurile pe care le aveam în comun prin prisma serviciului. Era un om dedicat și acest lucru mi-a plăcut mereu. Am observat că plec vesel după ședințele la care participa și ea și că o căutam cu privirea din ce în ce mai des atunci când ajungeam la serviciu.

Am început să îi adulmec parfumul care îi îmbracă pielea diafan și gesturile reținute, dar sigure, cuvintele cumpătate și încrederea în sine care se citea pe fața ei.

Carla era de aceeași vârstă cu mine, era departe de a fi vreo fetișcană care vrea să-și seducă șeful pentru a fi promovată. Era genul de femeie care se dedicase carierei și acest lucru era evident în demersul său profesional. Emoțional, ca bărbat, puteam ghici dorința de a dărui și primi iubire pe care a lăsat-o în umbră în ultimii ani.

Am început să visez la ea în timpul după-amiezilor pe care le petreceam singur acasă, așteptând-o pe Ema. Recunoscându-mi dorințele și fantasmele pentru Carla, mă simțeam vinovat și încercam să compensez ceea ce îmi reproșam cu tot mai multe gesturi de atenție pe care le direcționam spre Ema.

Într-o seară în care Darius era plecat să doarmă la prietenul lui cel mai bun, am umplut dormitorul nostru de bujori. Cred că erau sute de flori în toată camera și le alesesem cu atenție pentru că știam cât de mult îi plăceau bujorii. Pregătind acest decor cu flori, lumânări, cina, șampanie, muzică, visam cu ochii deschiși la Ema, îmi aminteam de luna noastră de miere din Olanda, de plimbările cu barca printre canale, de răsăriturile care ne prindeau cu ochii obosiți de iubire.

Mă simțeam fericit și o așteptam pe Ema acasă, aproape că uitasem de Carla sau că există în viața mea. Știam că Ema e aleasa inimii mele, mireasa mea și femeia pe care o iubesc.

Ema a venit târziu acasă, nu știu ce oră era, pentru că m-a răpus la un moment dat somnul. Ultima oară când mă uitasem la ceas era două și jumătate, iar ea îmi scrisese pe la 12 că mai întârzie puțin, că spectacolul de balet pe care îl sponsorizase nu s-a terminat încă. Îmi trimitea poze de la balet, probabil ca să îmi confirme că este acolo și să nu intru la bănuieli că ar fi în altă parte.

După toată încântarea pregătirii, nu am mai avut putere să mă supăr sau să mă enervez. Am luat lucrurile ca atare: Ema are un program flexibil, organizația este viața ei, și nu familia, așa cum era pentru mine.

A doua zi, la micul-dejun, începuse să se scuze și să glumească pe seama aranjamentelor și a faptului că am adormit. Mă uitam în ochii ei și mi s-a părut că e cu adevărat crudă această femeie. Mi-am amintit vorbele lui Darius, care mi-a spus că o urăște.

Era în mine un mare mister în legătură cu Ema, cum poate să fie atât de caldă, bună și sensibilă cu copiii pe care îi îngrijește și atât de rece și nepăsătoare cu noi, cei pe care declarativ ne iubește și spune că face totul pentru noi.

Atunci am realizat cât de mare este egoismul ei și aroganța de a crede că orice ar face, noi o vom iubi.

Am plecat, obosisem să mă cert sau să îi mai cer lucruri pe care clar că nu dorește să le facă: o cafea dimineața, o supă la prânz, o plimbare în doi, o seară romantică, o duminică cu familia.

Am plecat la serviciu, mă simțeam liber.

Parcă mă eliberasem pentru prima dată de responsabilitatea de a o face pe Ema fericită. Acum, pentru prima oară de când ne căsătorisem, mă preocupa să fac ceva ca să fiu eu fericit.

Coincidența face ca întâlnirea stabilită pentru acea zi să fie cu Carla. Nu aveam chef să vorbim afaceri, așa că am invitat-o la o cafea în oraș. Am discutat punctat ceea ce aveam de rezolvat și apoi am început un flirt discret întrebând care sunt preferințele ei, pasiunile ei, ce îi place să facă în timpul liber, etc.

Era onestă și comunica deschis. Nu avea nicio aură de mister, ci mai degrabă părea o carte deschisă care avea să scrie acum noi pagini în ea cu mine, despre mine, despre noi.

Așa a început povestea noastră, într-o zi de mai, așteptând să se coacă cireșele, fructele ei preferate, la o pensiune de lângă oraș situată într-o livadă de meri și cireși.

A rămas locul multor întâlniri și deseori seara plecam la culcare cu imaginea livezii în minte.

Carla îmi oferea multă iubire, o dragoste matură care dăruiește și primește în mod echitabil, fără întrebări, reproșuri sau cereri ascunse.

Știa că sunt un bărbat căsătorit și nu i-am ascuns că sunt dedicat familiei mele și că îl iubesc pe Darius mai mult ca pe orice pe lume. Paradoxal, cred că tocmai acest lucru i-a plăcut la mine, faptul că nu am mințit-o și că eram loial familiei mele.

Carla era singură de mult timp, avusese diverse relații în trecut care s-au sfârșit majoritatea din cauza ei, a deplasărilor în interes de serviciu și a dedicării ei pentru carieră. A rămas în ea acest imens gol afectiv în care aveam să mă alint acum eu, copleșit de pasiunea ei, de dorința ei de a-mi fi pe plac, de iubirea pentru mine. Cu toate acestea, a fost și a rămas mereu discretă și mi-a respectat spațiul personal de acasă.

În timpul acesta, eu întineream, eram tot mai binedispus și Ema a sesizat acest lucru. Era o femeie mult prea inteligentă pentru a nu băga de seamă relaxarea mea și schimbarea.

Eram atent în continuare cu ea și plecam în concediu cu toții, pregăteam excursii pentru toți trei la sfârșit de săptămână, îi trimiteam în continuare Emei flori la serviciu, iar de Darius mă îngrijeam să îl duc la școală, să îl aduc, să îl pregătesc pentru olimpiada de matematică, să exersez cu el la tenis și să ne jucăm împreună.

Cu toate acestea eram schimbat. Mă abțineam să nu o compar pe Ema cu Carla sau să visez la ea în timp ce sunt acasă și reușeam destul de bine să fiu prezent.

Nu pot spune ca trăiam un conflict interior, că mă sfâșia dorința pentru Carla sau remușcarea în privința Emei. Eram împăcat cu mine însumi și cu ceea ce făceam. Eram împăcat cu Ema și nu îi mai ceream nimic, nici măcar în privința lui Darius. Eram îndrăgostit de Carla și ea nu îmi cerea nimic mai mult decât îi ofeream.

În ziua aniversării a 10 ani de la căsătorie, am vrut să îi ofer un cadou special Emei. M-am decis să facem o călătorie în doi la Roma și am cumpărat bilete la un hotel frumos, în centrul orașului, într-o zonă rezidențială și pregătisem rezervări la restaurante și spectacole.

Biletele le-am ascuns într-un buchet imens de flori. La fel am făcut și cu inelul de logodnă când am cerut-o pe Ema în căsătorie, doar că atunci buchetul era ceva mai mic. I-am spus Carlei că urmează să lipsesc câteva zile și de obicei nu mă întreba unde plec sau cu cine. Acum însă i-au dat lacrimile, ca și cum ar fi bănuit că urmează să se întâmple ceva.

Nu am putut să o liniștesc sau să o consolez cu minciuni, am plecat cu inima strânsă că suferă, știam că dorul și gelozia încep să roadă iubirea necondiționată pe care mi-o oferea altădată. Nu știam ce să fac și nu puteam lua o decizie, eram blocat și acționam în virtutea mecanismelor vechi în care îmi îngrijeam familia și totodată o păstram pe Carla aproape de inima mea, de trupul meu, de viața mea. Nu puteam renunța la ea, la fel cum nu puteam renunța nici la familia mea.

Ieșind din apartamentul ei, aveam un nod în gât și pentru prima oară după foarte mulți ani am intrat în mașină și am plâns ca un copil. Nu știu de ce plângeam, doar că mă simțeam pierdut și sfâșiat de suferință.

În drum spre aeroport, Ema a vorbit încontinuu la telefon și râdea la cele mai stupide glume și bârfe. Se uita la mine, mă întreba de ce sunt atât de serios, ne-am făcut o poză împreună și apoi a șters-o că nu i-a plăcut cum a ieșit. Așa că am mai făcut o poză.

Dacă, de obicei, eram împăcat cu felul ei aerian și imatur de a fi, acum acest lucru mă enerva la culme. Eu nu existam pentru ea decât ca mondenitate, ca soțul meu, tatăl copilului meu care se ocupă de toate și e bun la toate. Eram lăudat peste tot și toate prietenele și cunoștințele noastre aveau o imagine foarte frumos creionată despre mine și Darius, singurul merit al Emei fiind acela că vorbea frumos de noi.

Pe avion am citit ziarele și Ema o carte de dezvoltare personală, pe care le citea de mulți ani cu multă înfocare și aplica multe sfaturi de acolo în relație cu mine. Acest lucru îi dădea impresia că lucrează la ea, la dezvoltarea ei și a familiei. În schimb, lucra pentru a se ascunde în spatele unor autori de cărți care spun cum să îți seduci soțul, cum să îl ții aproape, cum să fii prietena copilului tău, etc. Toate acestea erau experiențele altora, nu ale ei, care, de fapt, era absentă din această familie de mai bine de 7 ani.

Deși ne cunoaștem de atât de mult timp, stăm unul lângă altul ca doi străini.

Nu știm despre ce să vorbim, că nu am mai făcut-o de mult. Aș vrea să încep să o curtez, dar am uitat ce îi mai place, iar ea se uită pe geam. Spune cât de mult îi place să fie deasupra norilor... Îmi arată soarele și îi zâmbesc. Ema și-a păstrat acea inocență și acel aer de fetiță chiar dacă în curând împlinește 38 de ani. Da, Ema este tot o fetiță și probabil că așa va rămâne toată viața ei.

La Roma este cald. Urcăm într-un taxi și ajungem la hotel fără să schimbăm prea multe vorbe, ne uităm pe geam și întrezărim câte puțin din atmosfera locală;

carabinieri, mașini micuțe care se strecoară în trafic, această limbă care parcă te ceartă sau îți cântă la fiecare acord.

Seara mergem la cină, suntem poftiți la masă și ne așezăm pe scaunele îmbrăcate în mătase. Suntem întâmpinați cu șampanie și Ema o bea pe toată dintr-o înghițitură. Chelnerul îi mai toarnă un pahar. Îl golește și pe acesta rapid. Mă uit cu stupoare la ea în timp ce ne sunt prezentate specialitățile bucătarului din această seară: salată de andive cu piept de rață afumat, antricot de vită cu sos de trufe și tort de ciocolată în 3 culori.

Privirile noastre se întâlnesc și cu greu ne păstrăm tonul cu armonia și eleganța desăvârșită a locului.

—Pentru căsnicia noastră trainică! propune Ema ca toast.

Mă amuz și mă dezgust în timp ce degust primul meu pahar de șampanie.

—Pentru noi! spun cu glasul îndoit.

—Atât cât mai există noi!

O privesc nedumerit și sprâncenele mele redau o expresie de uimire.

—Emil, pe cine crezi că mai păcălești cu o sticlă de șampanie și o masă simandicoasă? Drept cine mă crezi, Carla cumva?

Tonul ei ironic și numele de Carla spus cu un r foarte accentuat mă fac să tresar. Nu reușesc să spun nimic. Aștept să văd dacă Ema continuă să mai spună ceva. Urmează o lungă tăcere și cea mai indigerabilă masă pe care am servit-o vreodată.

Aștept o continuare a discuției începute cu atâta ironie la începutul serii. Primesc un mesaj pe telefon. Este Carla, atât reușesc să văd. Pentru prima dată îmi scrie atunci când știe că nu pot răspunde.

Ema ia telefonul și citește mesajul înainte de a reuși să văd despre ce este vorba. Își trece mâna prin părul lung și blond, prins într-un coc lejer, încercând să își aranjeze o șuviță care îi cade peste obraz. Are o urmă de delicatețe frumoasă mișcarea ei și parcă citindu-mi gândurile, mă prinde de mână suav.

—Te părăsește, Emil, spune că s-a îndrăgostit prea tare de tine și că nu mai rezistă să te iubească din umbră.

Cu un ton grav și arogant, continuă:

—Emil, ea așteaptă să îi spui că mă vei părăsi și că te vei duce la ea „pentru totdeauna”. Cât timp credeai că va accepta să fie vioara a doua? O femeie nu acceptă prea mult timp să împartă un bărbat cu altcineva.

Atunci am observat că Ema era îmbrăcată într-o rochie care avea un imprimeu cu flori de cireș.”

Mulți cititori vor observa la Ema un comportament isteț, o minte perceptivă și o manipulare subtilă, care aparent nu au nimic de-a face cu o personalitate de tip narcisist. De fapt, personajul nostru întruchipează caracteristicile unei personalități narcisiste ascunse și comportamente de narcisism manifest.

Există două tipuri principale de personalități narcisiste: narcisismul overt (manifest) și narcisismul covert (ascuns).

Ambele împărtășesc trăsături de bază ale personalității narcisiste, precum lipsa de empatie, sentimentul de superioritate și nevoia constantă de validare, însă se manifestă în moduri diferite.

1. Narcisismul manifest (overt)

Numit și narcisism grandios, acest tip este ușor de recunoscut, deoarece narcisistul overt este deschis, direct și evident preocupat de propria persoană.

Trăsături principale ale narcisistului overt:

• *Arogant și prea încrezător:*

Își afișează deschis superioritatea și crede că este mai bun decât ceilalți.

• *Dornic de atenție:*

Caută în mod constant laude și admirație, dominând adesea conversațiile.

• *Sentiment de drepturi speciale:*

Se așteaptă la tratament preferențial și crede că merită mai mult decât ceilalți.

• *Agresiv și confruntațional:*

Răspunde cu furie sau cu atacuri atunci când este criticat sau provocat.

• *Exploatator:*

Folosește oamenii pentru propriul beneficiu, fără vinovăție sau remușcări.

Cum interacționează cu ceilalți:

Narcisiștii overt sunt adesea fermecători la început, dar apoi devin dominatori și cu dorința de a controla cât mai mult.

Se fac remarcați prin comportamente zgomotoase, ostentative și manipulări evidente.

Exemple:

• Un șef care se laudă constant cu succesul său și își ridiculizează angajații.

• Un partener care caută mereu să fie în centrul atenției și ignoră sentimentele celorlalți.

2. Narcisismul ascuns (convert)

Numit și narcisism vulnerabil, acest tip este mai subtil și mai greu de detectat. Narcisiștii covert par adesea timizi, nesiguri sau chiar umili, dar trăsăturile narcisiste sunt încă prezente.

Trăsături principale ale narcisistului covert:

• Stima de sine fragilă:

Tânjește după admirație, dar se simte nesigur și se teme de respingere.

• Pasiv-agresiv:

În loc să caute atenția în mod direct, manipulează prin vinovăție sau critici subtile.

• *Mentalitatea de victimă:*

Se prezintă frecvent ca fiind neînțeles sau subapreciat.

• *Resentiment și invidie:*

Poate resimți ranchiună față de succesul sau fericirea altora.

• *Sensibilitate extremă la critică:*

Reacționează puternic la observațiile negative, dar prin retragere sau supărare, nu prin furie deschisă.

Cum interacționează cu ceilalți:

Narcisiștii covert sunt mai greu de identificat, pentru că își ascund nevoia de validare sub o mască de umilință sau autocompătimire.

Creează confuzie și îi fac pe ceilalți să se simtă vinovați sau responsabili pentru nefericirea lor.

Exemple:

• Un prieten care se plânge constant că este ignorat sau neapreciat, dar care nu recunoaște niciodată eforturile altora.

• Un partener care îți subminează subtil încrederea în tine, prezentându-se în același timp ca fiind victima lipsei tale de sprijin.

1. Modul de exprimare

• Narcisism overt:

• Este evident și direct.

• Persoana este adesea arogantă, grandioasă și dominatoare.

• Se laudă frecvent cu realizările, cerând atenție și recunoaștere.

• Exemple: „Sunt cel mai bun în tot ce fac!"

• Narcisism covert:

• Este subtil și indirect.

• Persoana poate părea modestă sau chiar timidă, dar în interior are aceeași nevoie de superioritate.

• Se victimizează sau folosește manipularea pasivă pentru a atrage atenția.

• Exemple: „Nimeni nu mă înțelege, dar dacă ar ști cât sunt de valoros..."

2. Reacția la critică

• *Narcisism overt:*

• Reacționează agresiv, defensiv sau cu furie.

• Poate ataca verbal sau să încerce să umilească persoana care îl critică.

• Exemplu: „Tu îmi spui mie asta? Cine te crezi?"

• *Narcisism covert:*

• Reacționează cu autovictimizare sau resentimente tăcute.

• Poate părea rănit, dar va manipula situația pentru a obține simpatia altora.

• Exemplu: „Știam că nu voi fi niciodată suficient de bun pentru tine..."

3. Relațiile cu ceilalți

• Narcisism overt:

• Își domină partenerii și prietenii, cerând constant atenție și admirație.

• Poate fi insensibil și lipsit de empatie față de nevoile celorlalți.

• Narcisism covert:

• Poate părea sensibil și empatic la început, dar în realitate folosește relațiile pentru a-și satisface nevoile emoționale.

• Manipulează subtil pentru a obține validare.

4. Imaginea de sine

• Narcisism overt:

• Are o imagine de sine evident grandioasă.

• Crede că e superior, indiferent de dovezile contrare.

• *Narcisism covert:*

• Are o imagine de sine vulnerabilă și se simte deseori inferior în secret.

• Sentimentul de superioritate există, dar este mascat de insecuritate.

5. Interacțiunea cu lumea exterioară

• *Narcisism overt:*

• Este competitiv, vrea să fie în centrul atenției și caută succesul material sau social.

• Exemplu: „Vreau ca toți să știe cât de grozav sunt."

• *Narcisism covert:*

• Se retrage în sine, dar speră în secret la recunoaștere.

• Exemplu: „Nu am nevoie de atenție, dar e frustrant că nimeni nu-mi apreciază adevărata valoare."

6. Cum îi percep ceilalți

• *Narcisism overt:*

- Este perceput ca arogant, egocentric și insensibil.

- Poate provoca multe conflicte evidente.

• *Narcisism covert:*

- Este perceput ca sensibil, dar în același timp greu de înțeles.

- Poate fi văzut ca o victimă a circumstanțelor.

Similarități:

- Ambele tipuri au o nevoie profundă de validare și admirație.

- Ambele manifestă lipsa empatiei reale.

- Ambele folosesc manipularea, dar în moduri diferite.

Pe scurt, **narcisistul overt** este ca un rege care cere să fie venerat deschis, în timp ce **narcisistul covert** este ca un artist neînțeles care așteaptă să fie recunoscut în tăcere.

6. La cabinet

La un moment dat am primit un telefon al unui bărbat care dorea să lucrăm împreună pentru a fi mai productiv și să-și poată controla mintea. Încă din primele minute, am văzut că persoana din fața mea era o personalitate de tip narcisist.

Îmi spunea cât de bun e în comparație cu toți ceilalți din jurul său, cum a atins un nivel economic foarte bun, care îi asigură un trai de lux fără să muncească aproape deloc, cât de mult investește în a citi și a se informa despre ultimele noutăți, cât de disciplinat este zi de zi mergând la sală și încercând să aibă o nutriție perfectă. Cu toate acestea, se simțea adesea deprimat și demotivat.

Multe personalități de tip narcisist vor să aibă puteri supranaturale, iar să-și controleze mintea pare să fie una dintre ele. Hipnoza fiind recunoscută ca instrument de comunicare cu inconștientul și cu efecte demonstrate de dobândire a controlului asupra funcționării fiziologice a corpului, este o practică suficient de incitantă.

Pentru o personalitate de tip narcisist, cele mai bune rezultate sunt cele mai rapide și cu impactul cel mai mare. Din acest motiv, mulți dintre ei consumă cocaină sau tot felul de stimulente ca să fie și mai productivi, căutând rezultate cât mai spectaculoase, cu care se pot mândri.

Clientul meu spune că traversează un episod depresiv, pe care îl tratează medicamentos și că în continuare consumă cocaină pentru că îi place să se distreze. Cerința lui era deținerea controlului prin forța minții asupra nivelului de energie, a nivelului de dopamină, a nivelului de adrenalină și așa mai departe.

În momentul în care ne-am cunoscut era într-un punct al vieții în care se simțea demotivat, pentru că avea tot ce și-a dorit vreodată. Avea venitul acela pasiv pe care îl urmărise ani buni, avea fizicul pe care și-l dorea și la care muncea de mulți ani, avea contul în bancă cu suficiente zerouri la sfârșit, o casă cu tehnologie de ultimă oră, avea rețeaua socială plină de admiratori și admiratoare, inclusiv un copil și o soție de care era separat, aspect pe care îl găsea favorabil pentru că astfel putea avea mai multe relații.

Soția era la locul potrivit și era cea mai bună persoană care să-i crească copilul. Căuta în momentul de față acel plan de viață care să-l stimuleze în continuare să facă mai mult. Avea o anumită perspectivă vizavi de noul nivel al realizărilor pe care dorea să-l atingă, însă fiind atât de deprimat în momentul acesta, nu găsea resursele necesare ca să înceapă ceva nou.

Întotdeauna o personalitate de tip narcisist te va întreba insistent care e părerea ta despre ce ți se povestește și îți va pune întrebări despre el sau ea, mai mult ca oricare altă persoană: „Ce părere ai despre asta? Ce părere ai despre mine? Spune-mi cum crezi tu că mă pot îmbunătăți? De ce crezi că mi se întâmplă lucrurile astea?"

Bineînțeles că orice răspuns va primi, nu va fi unul bun.

Întrebările sunt o capcană.

La nivel intelectual, cei cu personalitate narcisistă sunt destul de bine dotați și o mare parte din viața lor este dedicată îmbunătățirii și dezvoltării părții mentale. Din acest motiv, au diverse grade academice sau publicații sau cunosc mai multe limbi străine, sunt persoane culte care sunt fascinante prin diversitatea și profunzimea cunoașterii.

De asemenea, știu să spună exact ceea ce trebuie, în fiecare moment. Astfel, pot să domine conversația și pot avea ultimul cuvânt în momentul în care apar dispute sau dezbateri.

În momentul în care este în cabinetul tău o personalitate de tip narcisist, aceasta va pune întrebări de la bun început pentru a începe să controleze ședința și a testa nivelul pregătirii tale sau expertiza ta.

Probabil că sunt și cei care fac cele mai multe analize și cercetări despre tine înainte de a interacționa, putând astfel să aducă în discuție tot felul de concepte sau studii ori lucruri despre care s-au informat înainte și pe care le va adresa în momentul întâlnirii.

Așteptarea e ca tu, terapeutul, să-l poți citi dincolo de masca aceasta construită, de personalitatea narcisistă. Nevoia profundă este aceea de a fi văzuți, acceptați și iubiți ca oameni. Acest punct de vulnerabilitate pe care și-l permit rar personalitățile de tip narcisist este butonul roșu care se cere apăsat cât de repede. Datorită durerii refulate și a neputinței de a o înfrunta, se întâmplă foarte adesea ca personalitățile de genul acesta să nu reziste la terapie prea multe ședințe.

Deși nevoia de conectare și de procesare e la un nivel foarte profund, personalitatea narcisistă se va întoarce mereu la masca atent construită și așa cum spuneam, vor instiga și vor cere feedback după feedback... care la un moment dat să le confirme că părerea lor este mai bună sau că oricum știu mai mult ori că tu nu ești suficient de bine pregătit sau pregătită. În momentul în care vor fi față în față cu cineva care vede această fragilitate interioară și vulnerabilitatea esenței lor și o validează, este un moment în care lipsa de control și neputința resimțită duc fie la stabilizarea relației terapeutice și la încredințarea procesului în mâna specialistului, fie la ruperea legăturii și închiderea terapiei.

Când se confruntă cu ceea ce caută să acopere și să ascundă prin această mască de personalitate narcisistă, fie începe procesul de vindecare, fie vor întrerupe ședințele.

Clientul meu a dispărut, deși sper că va veni momentul în care va fi dispus să meargă către această muncă de zdrobire a carapacei. În continuarea ședințelor care s-au întrerupt, la un moment dat, a trimis-o pe soția lui și mama copilului său pentru a mă ajuta să înțeleg mai bine efectele personalității lui asupra celor din jur și astfel să pot face un plan de tratament bun.

Luana, care a venit la aceste ședințe de dragul lui, era genul de persoană profund afectată de relația cu un partener cu personalitate narcisistă. Mai mult decât atât, era mama unui copil al cărui tată era narcisist, pe care îl creștea singură.

Adesea, copiii unei personalități de tip narcisist sunt doar o extensie a sa și rolul de părinte este dificil de îndeplinit pentru astfel de persoane. Copilul este, de asemenea, un loc de proiecție, în care acesta este supus presiunii de a fi într-un anumit fel ca să fie văzut, acceptat și recunoscut de către părintele narcisist.

Stima de sine a Luanei era profund afectată, pentru că nu avea deloc încredere în ea și pentru că ori de câte ori apărea el în încăpere sau era în proximitatea ei, nu mai putea să se controleze deloc. Singurul lucru care o interesa atunci era să îi facă pe plac sau să nu greșească ceva ca el să înceapă să țipe la ea.

Îngrijea copilul așa cum spunea el, ca el să vadă că îl ascultă și să fie mulțumit de ea. Deși era conștientă că este profund și intens manipulată, că relația este extrem de toxică, spera și își dorea să găsească o cale de a discuta cu el, astfel încât să o vadă și să o audă, să se întoarcă la ea.

La fel ca și Echo, ea nu avea voce și era incapabilă să comunice.

Știa că starea ei emoțională depinde de mesajul sau de telefonul pe care aștepta să îl primească, o durea că îi vorbește urât și că nu ține la ea în același mod în care ea se dedica lui, dar părea că se mulțumește cu puținul pe care el îl avea de oferit.

Aparent, părea împăcată cu diversele relații cu alte femei ale partenerului ei, deși stătea să îl urmărească de fiecare dată când avea ocazia.

În prezent, nu mai locuiau împreună și era mutată înapoi la familia ei. Mi-a relatat că în urmă cu ceva timp ajunsese într-o depresie profundă în urma nașterii fetiței. Acela a fost momentul când a realizat că relația lor nu poate funcționa și că familia pe care și-a dorit-o nu are cum să se formeze alături de tatăl copilului său, pe care îl iubea, dar care era complet detașat de ideea de familie sau de ceea ce presupune creșterea și educarea unui copil.

Atracția dintre Luana și Paul a fost intensă, ea era fascinată de el și se simțea în sfârșit frumoasă, deși se considerase mai degrabă o fată simplă, eventual drăguță. Paul a văzut în ea o fată de casă, o soție bună și muncitoare, fără multe pretenții. S-a îndrăgostit de Luana, tocmai pentru că era simplă și nepretențioasă. Vedea în ea o mamă perfectă pentru copilul lui.

Odată cu vestea venirii primului copil, au devenit parteneri de afaceri și acest nou tip de relație este locul de înjosire și de umilire unde toate calitățile pentru care fusese până atunci perechea potrivită pentru Paul au căzut în totală dizgrație. La birou, Luana nu era suficient de bună, de organizată, de ambițioasă, de citită sau destul de prezentabilă. Deși a avut parte de operații și intervenții estetice despre care a crezut că o vor face mai atrăgătoare pentru el, lucrul acesta nu a fost confirmat.

Observația mea este că acest tip de relații ajunge să fie foarte acaparator și că nivelul de dependență merge către mai multe zone ale vieții. Este ca o caracatiță care te strânge foarte puternic fără să existe prea multe șanse de a evada, ocupând tot mai mult spațiu. Din acest motiv este și atât de greu să te eliberezi dintr-o asemenea relație, celălalt pare că ocupă fiecare colțișor al vieții tale.

De foarte multe ori, partenerul cu personalitate narcisistă caută să controleze atât emoțional, dar și financiar viața partenerului sau a partenerei sale, devenind dificil să pleci din relație atunci când există copii de crescut și lipsa unui profesii care să susțină cheltuielile vieții.

Luana era într-o situație asemănătoare pentru că această afacere a venitului pasiv de care vorbeam la început era gestionată de ea pentru a avea acces la partea financiară. Era complet dependentă de accesul pe care îl avea sau nu la contul controlat de către Paul. Și pentru a avea acces la bani, Luana trebuia să muncească și să facă ceea ce i se spune, la orice oră și în orice zi a săptămânii.

Paul nu a privit-o niciodată pe Luana ca parteneră, mai degrabă atitudinea lui era ca față de o angajată. Datorită acestui mod de a o percepe, a început să existe un decalaj tot mai mare între modul în care se privea el, succesul afacerii pe care și-l asuma în totalitate și modul în care o privea pe ea. Îi spunea în mod repetat că e o ființă foarte neinteresantă, în fiecare zi erau tone de reproșuri și de critici față de modul în care gândește sau acționează, despre cât de banal se îmbracă și cât de rău arată. Cu alte cuvinte, nimic din ceea ce făcea nu era bine.

Paul a început să se afișeze, fără niciun fel de rezervă în văzul tuturor, în preajma altor femei. Mai mult decât atât, era mândru că-și poate permite să fie atât de dezinvolt în a se arăta lumii așa cum e: cu bune și cu rele.

Ședința de cuplu a fost inițiativa Luanei. Își dorea să poată discuta cu el și să ceară o doză de respect pe care nu o simțea din partea lui. Cred că după aproximativ zece minute, ședința s-a transformat într-o discuție despre el și nemulțumirile lui.

I-a spus să își asume realitatea lor și că ar trebui să se uite în oglindă la ea și pe urmă la el. Apoi să compare cele două imagini și să vadă că este normal ca un bărbat lucrat și bine îmbrăcat, inteligent și plin de bani să își petreacă nopțile cu altcineva, pe măsura lui și nu cu ea, o persoană care nu îl stimulează și nu-l atrage deloc, mai ales că toată ziua nu face nimic altceva decât să se plângă.

Ședința a fost întreruptă de lacrimile Luanei, care a părăsit cabinetul.

Scena relatată înfățișează perfect o dinamică unde raportul de putere este manipulat de către personalitatea narcisistă ce balansează talerul tot mai mult în favoarea sa, prin cedarea de către cealaltă parte.

Departe de orice idee de echilibru între a da și a primi, vorbim despre o modalitate intruzivă prin care personalitatea narcisistă ia și nu consideră că primește ceva. Acest lucru se bazează pe credința că absolut tot ceea ce primește i se cuvine, în consecință, nici nu se simte îndatorată și nici nu consideră că este nevoie să compenseze sau să dea ceva în schimb.

La scurt timp, când Luana a rămas însărcinată a doua oară, simțea că se scufundă în disperare tot mai mult. Știa că el nu se va schimba și se vedea cum devine și mai dependentă de el, având încă un copil de crescut, fără să mai existe speranțe că Paul se va implica.

Atunci a hotărât să rupă complet legătura cu el și să facă primii pași spre a se reconecta cu ea însăși. De dragul bebelușului care îi creștea în pântec.

7. Privind în față realitatea și în urmă proiecția

„—Tu nu te uiți la tine cum arăți? Cum să simt atracție față de tine? Și cum poți să mă acuzi că mă uit după alte persoane, tu nu te uiți la tine în ce hal ai ajuns?".

„—Tu chiar crezi că exiști pentru mine?"

Cel mai probabil, îi vei da dreptate, pentru că este ceea ce simți și tu față de tine. Apoi te gândești că este timpul să faci mai mult; să mergi mai des la sală, să te îmbraci mai frumos, să zâmbești mai des și să fii mai simpatic/ă, să te înscrii la un curs. Te gândești că acest lucru va îmbunătăți relația.

E normal să fie nemulțumit/ă, pentru că simți că nu ai făcut destul. Simți că nu ești destul. Și cu un mic efort din partea ta, totul va fi bine.

O perioadă, lucrurile merg mai bine. Trec pe lângă tine lucruri care te deranjează, dar nu spui nimic, te gândești că sunt trecătoare, toți avem zile proaste. Îți impui tu ție să fii bine cu tine, până la urmă, așa te-a cunoscut, nu? Această variantă a ta este cea care îi place: o față zâmbitoare, senină; o atitudine calmă, serenă; o minte aprigă; libidou crescut și disponibilitate permanentă.

Până într-o zi când ați stabilit să vă întâlniți, să petreceți seara împreună și partenerul sau partenera ta întârzie.

Îi scrii, vede mesajul, dar nu răspunde nimic.

Timpul trece și fiecare secundă pare că se transformă într-o eternitate. Te temi să scrii încă o dată. O faci, găsind scuze pentru lipsa unui răspuns la mesajul anterior. Citești încă o dată ca să vezi dacă ai scris ceva care ar fi putut să supere. Nu găsești nimic, dar... cine știe?

Scrii din nou, niciun răspuns. Mesajul tău rămâne nevăzut. Începe calvarul din nou. Nu știi unde este, cu cine este, dacă este cu o companie mai interesantă decât tine și se distrează pentru că viața cu tine a devenit mult prea plictisitoare, dacă întârzie sau dacă este pe drum, dacă telefonul a rămas fără baterie și nu are încărcătorul la îndemână, dacă a pățit ceva...

Dacă... și posibilități nelimitate.

Mâncarea se răcește. Faci ture prin casă, încercând sute de variante de scenarii posibile. Niciunul nu este prea roz și nimic nu pare că te poate liniști.

Când, în sfârșit, ajunge acasă și întrebi unde a fost...

Dacă ai un partener cu personalitate narcisistă, posibilitățile sunt următoarele:

1. Va evita să îți răspundă și va minimiza întrebarea ta:

• „De ce mă întrebi asta? N-are niciun sens, am fost ocupat cu lucruri importante.”

• „Serios? Chiar trebuie să dau raportul pentru fiecare mișcare?”

2. Va da vina pe tine

• „Dar tu de ce ești atât de suspicios/suspicioasă? E clar că nu ai încredere în mine și mai spui că vrei ca relația să meargă...”

• „Nu pot să fac nimic fără să fiu interogat(ă)? Cred că tu ai o problemă, nu eu.”

3. Răspunde vag sau evaziv:

• „Pe la birou. Am avut de rezolvat chestii. Ce contează?”

• „Am fost cu niște prieteni. Nu e mare lucru."

4. Va încerca să îți distragă atenția:

• „Mai bine nu-ți spun, să te las să ghicești! Oricum, hai să vorbim despre tine. Cum a fost ziua ta?"

• „Ești adorabil(ă) când ești curios/curioasă, dar serios, nu e nimic de povestit. Am fost în oraș, probabil era o zonă fără semnal sau ceva..."

5. Minciuni credibile sau exagerări:

• „Am fost prins(ă) în ședințe toată ziua, n-am avut timp nici să respir."

• „Am ajutat un prieten care trece printr-o situație grea. Știi că sunt mereu acolo pentru oameni și mi-a fost greu să îl las singur, într-un asemenea moment."

6. Comportament defensiv și intimidant:

• „Nu e treaba ta unde am fost. Nu sunt copil să îți dau socoteală."

• „Dacă începi să faci scene, plec înapoi de unde am venit."

Un partener cu personalitate narcisistă folosește aceste răspunsuri pentru a evita responsabilitatea, pentru a distrage atenția de la întrebarea ta sau pentru a te face să te simți vinovat(ă) pentru că ai îndrăznit să întrebi.

Vei ajunge la concluzia că era mai bine să nu întrebi nimic și să rămâi într-o stare de pasivitate, pe care o vei găsi ca fiind o superputere în relația ta cu o personalitate narcisistă. Doar că această superputere te va consuma pe interior cu aceeași intensitate și vehemență cu care oprești manifestările tale exterioare.

Dacă încerci să îți exprimi sentimentele și să îi spui partenerului sau partenerei cu personalitate narcisistă că suferi, vei observa următoarele reacții: minimizarea, distragerea atenției sau încercarea de a întoarce conversația în favoarea lor.

1. Minimizarea suferinței tale:

• „Exagerezi, nu e chiar așa grav cum crezi. Ești prea sensibil/ă, oamenii normali nu reacționează atât de exagerat ca tine, la atât de puțin."

• „Toată lumea trece prin chestii grele, nu doar tu. Bucură-te mai bine de toate lucrurile bune."

2. Întoarcerea situației asupra lor:

• „Crezi că numai tu suferi? Știi prin ce trec eu în fiecare zi?" sau „Ai idee cum a fost pentru mine să trec prin toate? Și uite că nu mă plâng toată ziua ca tine."

• „Ești mereu așa dramatic(ă). Nu pot să mă ocup și de problemele mele, și de ale tale."

3. Victimizare proprie:

• „Nu pot să cred că spui asta. Parcă eu sunt de vină pentru tot."

• „Mereu mă faci să mă simt precum cel mai rău om din lume."

4. Distragerea atenției sau evitarea:

• „Hai să nu mai vorbim despre asta acum, pur și simplu nu am energie, sunt prea obosit/ă ca să vii și tu cu sensibilități din astea."

• „Sigur nu e doar ceva în capul tău? Poate îți faci prea multe griji."

5. Gaslighting (manipularea percepției tale):

• „Serios, nu știu de ce suferi. Lucrurile sunt perfect normale. Așa simte toată lumea."

• „Dacă ai fi mai puternic/ă, nu te-ai mai simți așa."

6. Flatarea temporară pentru a te liniști:

• „Nu vreau să te văd supărat(ă), contezi prea mult pentru mine. Spune-mi dacă vrei luna de pe cer și ți-o aduc."

• „Îmi pare rău că te simți așa, dar știi că modul în care te simți este responsabilitatea ta și vreau să mă asigur că știi că ești bine."

Aceste răspunsuri sunt menite să îți diminueze emoțiile, să te facă să te îndoiești de validitatea suferinței tale sau să evite orice responsabilitate pentru contribuția lor la suferința ta.

Toată responsabilitatea este la tine și e cazul să o iei în serios, de dragul relației.

Treptat, începi să te îndoiești de percepțiile tale și de validitatea sentimentelor tale în relație. Nici tu nu te mai asculți pe tine, deși este o voce în mintea ta care veșnic te ceartă și comentează la fiecare lucru pe care îl faci.

Nu mai pui întrebări și cauți să ignori toate aceste semnale, îți repeți că vine acasă la tine până la urmă, chiar dacă nu știi ce face, unde merge și cu cine. Nu mai întrebi pentru că de prea multe ori te-ai transformat într-un acuzator absurd și ai fost pedepsit/ă pentru îndrăzneala de a îngrădi libertatea persoanei de lângă tine cu întrebări nenecesare.

Până când... ești față în față cu tot felul de dovezi ale minciunilor și manipulărilor partenerului cu personalitate narcisistă. Uneori sunt dovezi ale infidelității, alteori ale abuzului de substanțe sau alcool, ale unor dependențe cum sunt jocurile de noroc, minciuni de orice fel și neadevăruri care există întotdeauna într-o relație de acest tip.

Întrebările tale vor întâmpina o formă de manipulare psihologică de tip „gaslighting".

Gaslighting e o formă de manipulare psihologică în care o persoană sau un grup încearcă să facă pe altcineva să se îndoiască de percepțiile, amintirile sau sănătatea sa mintală.

Scopul gaslightingului este de a obține control și putere asupra victimei, făcând-o să se simtă confuză, nesigură și dependentă de manipulator.

Termenul provine din piesa de teatru și filmul „Gas Light" din anii '30-'40, în care un soț manipulează percepțiile soției sale, schimbând intensitatea luminilor cu gaz și negând că aceste schimbări au loc, pentru a o face să creadă că își pierde mințile.

Atunci când se dorește manipularea realității psihologice a unei persoane, se pot folosi diverse tactici, cum ar fi:

1. Negarea faptelor:

Refuzul de a admite că ceva s-a întâmplat, chiar dacă există dovezi.

• „Asta nu s-a întâmplat niciodată. Totul este doar în mintea ta."

2. Minimalizarea emoțiilor:

Apare sugestia că și celălalt exagerează sau că e prea sensibil.

• „Ești prea dramatic/ă. Nu e mare lucru, dar tu exagerezi totul."

3. Distorsionarea realității:

Reinterpretarea faptelor pentru a crea confuzie.

• „Ți se pare ție. Nu-ți mai amintești bine."

4. Izolarea:

Face persoana manipulată să se îndoiască de ceilalți, spunând că toți ceilalți mint sau că au intenții rele.

În acest punct, e posibil ca anxietatea ta să fie crescută, confuzia la nivel înalt și stima de sine, extrem de scăzute.

Poate că în acest moment, consideri că singurătatea e singura prietenă și tăcerea, singurul aliat. Aici te înșeli. Tăcerea și singurătatea sunt cele care te trag de mâini și de picioare și nu te lasă să faci ceea ce e nevoie ca să te salvezi.

Primul lucru pe care îl poți face e să începi să vorbești, să ceri ajutor și să vezi că nu ești singur/ă. Povestea ta nu este atât de specială, așa cum ai crezut. E povestea a mii de oameni. Este o poveste de vindecare și de reconectare.

Este timpul să te alegi pe tine, să îți dai o șansă.

Amintește-ți ce ai scris:

„Sunt suficient de bun/ă”.

„Eu sunt propriul stăpân al vieții mele”.

„Eu decid care este povestea mea”.

Citește din nou, cu voce tare, până când vei simți aceste cuvinte în corp.

8. Înflorirea narciselor

Dacă te-ai regăsit în poveştile din această carte şi acel gând care mereu ţi-a spus că nu este normal sau firesc să se poarte aşa cu tine, ai găsit confirmarea de care aveai nevoie.

Descoperirea faptului că te afli într-o relaţie cu o personalitate narcisistă poate fi copleşitoare, dar e un pas esenţial spre înţelegerea şi abordarea situaţiei cu care te confrunţi.

1. Recunoaşte-ţi experienţa

Sentimentele şi experienţele tale sunt valide. Relaţiile cu o personalitate narcisistă te pot face să-ţi pui la îndoială realitatea, stima de sine şi limitele personale şi să te gândeşti că tu nu realizezi destul sau că ar trebui să faci mai mult. E important să recunoşti modul în care această relaţie te afectează sau te-a afectat emoţional, mental şi fizic.

Ca exercițiu, îți propun să începi să scrii povestea voastră, la persoana a treia și să o citești tu sau să o dai unei persoane apropiate. Ce observi că se întâmplă în interiorul tău când citești această poveste, cum te face să te simți?

2. Înțelege trăsăturile narcisiste

O personalitate narcisistă prezintă adesea comportamente precum:

• Lipsa empatiei.

• Nevoia excesivă de admirație.

• Tendințe manipulative sau de control.

• Dificultatea de a-și asuma responsabilitatea pentru acțiunile lor.

Înțelegerea acestor trăsături te poate ajuta să recunoști tiparele nesănătoase din relație. O relație sănătoasă se bazează pe reciprocitate și pe comunicarea deschisă. Orice relație în care nu te simți în siguranță lângă persoana de lângă tine este una toxică.

Când ești cu partenerul sau partenera ta actuală, cât de ușor îți exprimi sentimentele, părerile, preferințele?

Atunci când nu te simți valorizat/ă de persoana de lângă tine, este normal să experimentezi anxietate și neliniște. Ești în mod constant în priză, motiv pentru care trimiți mesaje peste mesaje, urmărești conturile online și derulezi în minte iar și iar conversații, ca la nivel mental să poți să ai parte de acea recunoaștere care nu vine din exterior.

Când ai încredere în persoana de lângă tine, lucrurile acestea nu își mai găsesc rostul și se anulează de la sine.

3. Concentrează-te pe stabilirea limitelor

Personalitățile narcisiste vor încălca mereu limitele personale și vor căuta să meargă cât de departe posibil, lăsându-te să te simți lipsit de putere. Reconstruirea și menținerea limitelor sunt cruciale:

- Învață să spui „nu" atunci când este necesar.
- Protejează-ți timpul, energia și emoțiile.

Chiar dacă limitele personale pot fi o provocare pentru cealaltă persoană, e calea de a trasa un teren sigur pentru relație astfel încât ambii parteneri să se simtă în siguranță.

Pentru a detecta dacă se întâmplă să îți depășești în mod frecvent limitele personale, răspunde cu sinceritate la următoarea întrebare:

Cât de ușor te lași convins/ă de persoana de lângă tine să faci lucruri cu care inițial nu ești de acord sau nu îți dorești să le faci?

4. Evaluează impactul asupra stimei de sine

Relațiile cu personalitățile narcisiste vor avea întotdeauna ca efect scăderea stimei de sine. Este esențial să te reconectezi cu ceea ce te definește pe tine și cu pasiunile tale.

Atunci când ești conectat/ă cu esența, te poți regăsi pe tine așa cum ești, nu cum ți se cere să fii.

5. Evaluează relația

Alocă timp pentru a analiza dacă această relație îți servește binele emoțional și mental. Întrebări de considerat:

• Mă simt ascultat/ă și respectat/ă?

• Nevoile mele sunt satisfăcute sau mă dedic constant satisfacerii nevoilor celuilalt?

• Mă simt în siguranță emoțional, mental și fizic?

Răspunsurile pe care le dai sunt un indicator bun al modului în care te simți în relație.

Răspunde întotdeauna la aceste întrebări din perspectiva prezentului, nu în funcție de cum erau lucrurile în trecut sau de un potențial viitor în care relația se va schimba și va fi una mai bună.

6. Pregătește-te pentru reacții negative

Dacă începi să stabilești limite sau să pui la îndoială relația, un partener cu personalitate narcisistă poate avea reacții de genul:

• Furie sau defensivă.

• Manipulare emoțională.

• Încercări de a recâștiga controlul prin comportamente precum „love-bombing" – atenție exagerată.

Recomandarea mea este să rămâi ferm/ă la toate aceste manifestări pe care le cunoști deja atât de bine, dacă îți dorești să se schimbe ceva cu relația sau cu tine.

7. Caută suport

• **Terapie**: Lucrul cu un terapeut îți poate oferi instrumente pentru a procesa emoțiile, a stabili limite și a lua decizii despre relație.

• **Prieteni sau familie de încredere**: Confesează-te persoanelor care îți pot oferi suport și perspectivă.

8. Decide care sunt pașii următori

În cele din urmă, bunăstarea ta este prioritară. Fie că alegi să rămâi în relație cu limite mai puternice sau să pleci, decizia ar trebui să se bazeze pe ceea ce este mai sănătos pentru tine. Dacă plecarea este cea mai bună opțiune, planifică-ți ieșirea cu atenție, mai ales dacă partenerul/partenera tinde să fie manipulator/manipulatoare sau reactiv/ă.

Ține minte că nimeni nu poate face pentru tine ceea ce stă în puterea ta.

Orice așteptare a unei salvări miraculoase este doar un alt mod de a evita o rezoluție de moment.

Cel mai dificil e să ai încredere în tine, pentru că este locul în care s-a creat cel mai mare gol.

Din acest motiv, singurul lucru pe care ți-l pot spune este să ai curaj și să îți dai voie să trăiești și o altă realitate decât aceasta care este sub semnul întrebării mereu.

Bella spune acum că atâta timp cât ești întreg sau întreagă, poți să faci orice.

Luana spune că oricât îi este de greu în lupta de zi cu zi pentru a se reinventa pe sine, liniștea pe care o simte în interior este mai presus de orice.

Emil este liber acum şi are o relaţie în care se simte împlinit alături de Carla, iar Darius este foarte apropiat de ea.

9. Între două lumi

Pentru mine, cel mai emoționant moment al filmului Avatar este atunci când Jake, omul, este recunoscut în condiția sa umană.

Această recunoaștere a esenței dincolo de orice mască este o nevoie profundă de conectare cu celălalt, prin care știm că suntem văzuți, acceptați și iubiți așa cum suntem. Dincolo de orice rol, de hainele frumoase care ne îmbracă, de machiaj sau atitudini construite, vrem să fim iubiți pentru ceea ce suntem.

Chiar dacă aceste nevoi de conectare sunt mai mari decât oricând, suntem tot mai străini unul de celălalt. Suntem conectați la internet și deconectați de la viață. Suntem disponibili online și indisponibili emoțional în viața reală.

De ce relația cu o personalitate de tip narcisist este un subiect atât de actual?

Îndrăznesc să spun că personalitatea de tip narcisist este un produs al societății în care trăim, care pune mult accent pe individualitate, pe competitivitate și pe a avea cât mai mult, pe aceste aparențe care contează mult mai mult decât cine suntem.

În condițiile în care copiii cresc cu tablete și telefoane din cărucioare, tot mai puțin conectați la părinții lor sau la cei din jur, aceștia ajung să se conecteze cu propria persoană prin intermediul nevoilor create de trenduri și imagini la care suntem expuși invaziv și excesiv.

Ideea de succes în viață pare să fie legată de o aparență cât mai perfectă, de atitudini mentale cât mai puternice, de succes și de o imagine care atât în viața reală, cât și în mediul virtual caută să fie cât mai apreciată.

Având aceste coordonate care pe tineri îi încurajează să dezvolte o imagine de sine și un corp care să fie cât mai aproape de perfecțiune, tapetat cu mușchi sau de fețe care folosesc zeci de produse ca să se încadreze cât mai fidel unui prototip numit astăzi frumusețe, imaginile la care suntem expuși zi de zi creează la nivel interior o imagine ideală și ireală spre care tindem. Chiar dacă știm că ea e una falsă, noi interacționăm prin acest șablon inconștient cu visurile noastre și proiectele viitoare. La nivel inconștient, mintea nu face diferența între o imagine reală și una virtuală.

Rețelele sociale sunt pline de personaje care se prezintă perfect, bărbați care se valorifică pe sine prin mersul la sală, prin mușchi și mașini și zeci de mii, sute de mii și milioane de oameni care urmăresc lucrurile acestea și le apreciază. Ceea ce e în spatele acestor imagini promovate este cu totul și cu totul o altă poveste. Urmăritorii știu că există mai multe decât fata aceea drăguță care se pozează în vacanțe prin hoteluri de lux și magazine scumpe. Știm că există o altă poveste care nu este atât de fericită și de strălucitoare cum se prezintă în mediul online, însă la nivel inconștient nu putem face această distincție. O imagine face cât o mie de cuvinte, pentru că imaginile sunt conectate cu centrul emoțional și ne influențează inconștient.

Astfel, chiar dacă știm că anumite lucruri nu sunt reale, acest lucru nu ne împiedică să le dorim și să le copiem. Pentru că așa se definește succesul la nivel inconștient, începem și noi să avem comportamente în care punem atât de multă energie în a crea o imagine cu care să ne simțim confortabili.

Fenomenul acesta în care nu ne place cine suntem cu adevărat și ne punem pe față filtre ori de câte ori facem o poză, pentru a deveni mai simetrici și mai frumoși, creează la nivel interior ideea că nu ești suficient de atrăgător sau atrăgătoare așa cum ești în mod natural. Și pentru a fi prezentabil/ă, atât față de ceilalți, în mediul online, cât și în mediul offline, trebuie să fii cât mai aproape de acele imagini pe care le vezi tot timpul, atât tu, cât și anturajul tău. Mulți clienți mi-au relatat că se simt mai puțin atrași de persoana de lângă ei după ce urmăresc rețelele de socializare, unde apar femei și bărbați care arată perfect.

Este simplu să devii rușinat de imperfecțiunile pe care le ai, de faptul că un ochi este mai mic decât celălalt sau că ai brațele prea lungi ori picioarele prea scurte, că ai prea mult păr facial sau dinții insuficient de albi... lucruri care sunt cât se poate de umane.

Ceea ce vedem în fiecare zi ne expune mai mult decât ne dorim să creăm un mediu favorizant pentru tot ceea ce înseamnă apariția personalității narcisiste.

Nu ne place ceea ce suntem și începem încet, încet să construim o imagine cât mai aproape de perfecțiune. Și chiar dacă la început suntem oarecum conștienți de ce vrem să ne transformăm în ceva ce nu suntem, ne pierdem în dorința de a primi cât mai multă recunoaștere, cât mai mulți urmăritori, cât mai multe inimioare și așa mai departe.

Generația actuală este prima din istoria omenirii când noi, oamenii, avem două identități, una reală și una construită virtual.

Identitățile noastre în cele două medii pot să fie două povești diferite. Putem compensa neîmplinirile din viața reală în online.

La fel se întâmplă în cazul unui narcisist, unde la nivelul esenței există multă durere, multă rușine de care se deconectează și ulterior își construiește o imagine cât mai reușită și mai fascinantă.

Imaginea e cuvântul-cheie pentru narcisist pentru că el sau ea se identifică cu această imagine proiectată în afara sa. La fel se întâmplă și în mediul online. Încep să cred că sunt personajul pe care l-am creat. Sau că pot deveni ceea ce pretind în fața celorlalți că sunt.

Poate că în online mă simt apreciat/ă de o mulțime de oameni pe care nu îi cunosc, pe când în viața reală am un singur prieten sau doi cu care nu mă pot conecta în mod real. Când mergem undeva, doar facem poze și videouri pe care ne grăbim să le postăm pe Instagram sau pe TikTok și să ne dăm seama că dincolo de a ne arăta câteva imagini pe YouTube Shorts sau să bârfim puțin nu avem nimic de discutat.

La un anumit nivel este ușor să devenim narcisiști pentru că ne deconectăm de la tot ceea ce nu ne place din fața noastră. E mult mai simplu să compensăm frustrarea și anxietatea în mediul virtual, care ne dă iluzia că putem controla mai mult viața pe care o trăim. Decât să lucrez la mine însumi sau la mine însămi, e mai ușor de construit și de lucrat la acea imagine care ne oferă beneficii rapide.

Putem să primim recunoașterea și validarea de care avem nevoie mai repede, chiar dacă știm că nu sunt reale. Considerăm că primim iubirea de care avem nevoie.

La fel se întâmplă și cu personalitatea narcisistă, care primește admirație și apreciere de la persoanele pe care nu le valorizează cu adevărat. În consecință, rămâne mereu flămând/ă.

Oare salvarea ar putea să vină pentru unii oameni din ștergerea conturilor cu zeci sau sute de mii ori milioane de urmăritori? Nu știu.

Dar tot mai multe studii au investigat legătura dintre utilizarea rețelelor sociale și trăsăturile narcisiste, evidențiind o corelație semnificativă între acestea.

Postarea frecventă de selfie-uri și narcisismul:

Cercetări recente indică faptul că persoanele care postează frecvent selfie-uri pe platformele de socializare tind să manifeste trăsături narcisiste mai pronunțate. Un studiu menționat de MedLife arată că, cu cât o persoană postează mai multe selfie-uri, cu atât este mai probabil să prezinte niveluri mai ridicate de narcisism.

Numărul mare de prieteni virtuali și tendințele narcisiste:

Un alt studiu, realizat de Universitatea de Vest din Illinois, a constatat că utilizatorii cu un număr mare de prieteni pe platforme precum Facebook pot fi încadrați în categoria persoanelor cu tendințe narcisiste. Aceste persoane își actualizează frecvent profilul și postează numeroase fotografii, căutând constant atenția și aprobarea celorlalți.

Influența trăsăturilor de personalitate asupra comportamentului online:

Cercetătorii de la Universitatea Babeș-Bolyai au investigat modul în care trăsăturile de personalitate, precum materialismul, extraversiunea și narcisismul, influențează comportamentul utilizatorilor în social media. Studiul a relevat că persoanele cu niveluri ridicate de narcisism sunt mai predispuse să distribuie conținut legat de branduri și produse, căutând astfel validare și apreciere din partea rețelei lor sociale.

Evoluția narcisismului în funcție de vârstă:

Este important de menționat că nivelurile de narcisism tind să scadă odată cu înaintarea în vârstă. Un studiu publicat de Asociația Americană de Psihologie indică faptul că, pe măsură ce îmbătrânesc, oamenii devin mai puțin centrați pe sine și mai empatici, deși cei care au prezentat trăsături narcisiste pronunțate în tinerețe rămân relativ mai narcisiști comparativ cu alții și la vârste înaintate.

În concluzie, utilizarea intensivă a rețelelor sociale, în special prin postarea frecventă de selfie-uri și menținerea unui număr mare de prieteni virtuali, poate fi asociată cu trăsături narcisiste. Cu toate acestea, aceste tendințe se pot diminua odată cu maturizarea individului și acumularea de experiențe de viață.

Personalitatea narcisistă nu este o sentință pe viață, ci mai degrabă o serie de tendințe care se manifestă pe o scală a intensității și a frecvenței diferită.

Există diferențe între personalitățile de tip narcisist patologice și trăsăturile personalității umane, unde se pot manifesta și identifica mai multe nuanțe.

Un alt aspect pe care doresc să îl menționez e faptul că este nevoie ca mai multe comportamente să fie acumulate, pronunțate și manifestate ca predominanță pentru a putea face profilul unei personalități de tip narcisist.

Am fost adesea întrebată care este diferența dintre o personalitate narcisistă și o persoană cu încredere în sine. Răspunsul este unul simplu: o persoană cu încredere în sine are empatie față de cei din jur și caută să îl ajute pe cel de lângă. De asemenea, nu are nevoie de multă validare și de laudă la tot pasul, tocmai pentru că are un simț al propriei valori. Comunicarea este predominant asertivă, pune limite și caută să asculte și alte puncte de vedere, fără a deveni agresiv/ă și fără victimizare.

10. Capitolul nescris

Experiența sutelor de clienți mi-a revelat surpriza miraculoasă a capacității inimii de a iubi atunci când poate să desfacă lanțul care a înconjurat-o.

Și cât de mult poate să dea o inimă deschisă. E ca un copil inocent, care uită că a plâns în urmă cu câteva momente, își șterge lacrimile și continuă jocul.

Apoi râde înainte de a i se fi șters urmele acestora de pe obraji.

Așa este iubirea și doar aceasta poate fi măsura ei.

Nimic mai mult și nimic mai puțin de atât.

Atunci când suferim, peisajul se schimbă și inima se închide, ca o floare care a uitat să înflorească. Ne lipim de suflet notițe care să ne ajute să ne amintim durerea și nopțile petrecute în nostalgie, în dor și suspine, în teama de a nu fi făcut destul. Ne reamintim ca să preîntâmpinăm o suferință viitoare.

Nu ne temem niciodată de o viitoare iubire, ci de vechi suferințe.

Cum putem uita zdrobirea visurilor celor mai de preț?

Sau cum putem ierta fără să auzim vreodată vreo scuză?

Inima poate, iubirea, la fel...

Frica, nu.

Opusul iubirii nu a fost și nu va fi vreodată ura sau indiferența, ci frica.

Căci ea te va proteja de ceea ce iubești mai mult și va face totul să te țină departe. Dar te va ține departe de viață.

Pe de-o parte este firesc să devii mai atent/ă, mai calculat/ă și mai rațional/ă. Îți amintești cât de mult ai luptat cu disprețul pe care l-ai simțit în mod repetat. Poate că doare încă și e firesc...

Îți revin în minte toți oamenii pe care i-ai întâlnit și i-ai ținut la distanță ca să nu fii rănit/ă din nou, oameni inocenți care își doreau să te cunoască și cărora le-ai putut arăta și dărui doar frânturi din ceea ce ai fost cândva.

Și e înfiorător gândul să riști o nouă decepție, o altă rană.

Dar oare chiar mergi mai departe sau rămâi pe loc?

Poți să privești spre persoana care te-a rănit cel mai mult și să treci pe lângă ea, să îți continui drumul?

Cântărește prețul îndrăznelii unui asemenea moment.

Este în fața ta, vizualizează o asemenea clipă, pe care aș numi-o izbăvire.

Simte-ți inima, în această clipă în care te regăsești zâmbindu-ți din nou.

Iubirea din tine îți spune că totul va fi bine.

Un nou capitol al vieții tale poate să pară ceva îndepărtat acum.

Încrederea în relații fericite și sănătoase este clătinată din plin în urma experiențelor pe care le-ai trăit și poate că te gândești că e mai bine să fii singur/ă.

Sfatul meu e să pui sub semnul întrebării această voce din mintea ta care vrea să îți saboteze prezentul și viitorul.

Vindecarea vine atunci când îți iei timp cu tine și lași ca lucrurile să meargă în ritmul lor, când încetezi să te acuzi pentru trecut și să îi mai găsești scuze vechiului partener.

Va veni și un moment în care vei putea ierta și să vezi că ai avut nevoie de această lecție ca să te cunoști mai bine și să poți să te respecți și să ceri ceea ce meriți într-o relație.

Te vindeci atunci când poți să spui „nu" dacă limitele tale sunt depășite pentru că știi care e prețul presiunii de a face mereu compromisuri cu tine.

Vindecarea vine în momentul în care îți dai voie să te binedispui la un zâmbet, să dansezi pe o melodie care îți place, când te trezești dimineața cu poftă de viață și alegi să fii în preajma oamenilor cu care te simți în largul tău.

Te-ai vindecat atunci când primești un compliment cu inima deschisă și te bucuri sincer de apreciere fără să te gândești că cineva vrea ceva de la tine sau ai obligația de a face ceva în schimb.

Pentru că meriți.

Meriți să te bucuri de iubire și ești o persoană ușor de iubit, mereu ai fost și mereu vei fi. Doar că trebuia să descoperi acest adevăr despre tine.

Se poate, știu că se poate, pentru că am văzut zeci de persoane recăpătându-și încrederea în ele însele și în iubire.

Sunt sigură că poți și tu.

Toată iubirea pe care ai dăruit-o este în tine, îți aparține și e a ta.

Capitolul nescris este al tău, e foaia albă din fața ta pe care poți începe să scrii rând cu rând, versiunea care te onorează.

M-aș bucura să aud povestea ta!

www.ingramcontent.com/pod-product-compliance
Lightning Source LLC
LaVergne TN
LVHW050635200726

843506LV00010B/1255